Reiko Momochi

DAISY

Lycéennes à Fukushima

D'après "Pierrot",
de Teruhiro Kobayashi,
Darai Kusanagi, Tomoji Nobuta

1

Éditions Akata

Reiko Momochi

DAISY

Lycéennes à Fukushima

Sommaire

Chapitre 1

Reiko Momochi

DAISY

Lycéennes à Fukushima

UN AN ET DEMI APRÈS LA TRIPLE CATASTROPHE QUI A TOUCHÉ LE JAPON EN MARS 2011, À LA TÉLÉVISION, PEU D'ÉMISSIONS PARLAIENT ENCORE DES ZONES SINISTRÉES. C'EST À CETTE ÉPOQUE QUE JE SUIS TOMBÉE SUR LE ROMAN PIERROT, ET QUE J'AI EU L'IDÉE DE RECUEILLIR LES TÉMOIGNAGES DE NOMBREUX ÉTUDIANTS, DE LEURS PARENTS ET ENSEIGNANTS.
ILS M'ONT RACONTÉ CE QUI S'ÉTAIT PASSÉ CE JOUR-LÀ.
ILS M'ONT DIT DANS QUEL ÉTAT D'ESPRIT ILS VIVAIENT DEPUIS ...
TOUTES CES CHOSES À NE JAMAIS OUBLIER.
CELA M'A FAIT PRENDRE CONSCIENCE QU'AUJOURD'HUI ENCORE, BIEN DES PROBLÈMES N'ONT TOUJOURS PAS ÉTÉ RÉSOLUS.
À TRAVERS CE MANGA, J'AI VOULU RETRANSCRIRE LES SENTIMENTS DES LYCÉENS VIVANT À FUKUSHIMA.
SI LES PERSONNAGES SONT INVENTÉS, L'ESSENTIEL DE LEURS ÉMOTIONS COMME DE LEUR VÉCU PROVIENT DES ENTRETIENS QUE J'AI RÉALISÉS.
REIKO MOMOCHI, OCTOBRE 2012

CLAC
À CE SOIR !
FSSH...
MI-AVRIL 2011.

VOUS VOULEZ TUER MON FILS ?!
BOBOM
LE SORTIR DEHORS, COMME ÇA !
À quoi pensez-vous, belle-maman ?
JUSTE UNE DEMI-HEURE, UNE FOIS PAR JOUR …
SI TU TOUCHES LA TERRE, TU MEURS !
TAKKUN !
Jette ça
Ouiiin !!
Allez, Takkun ! On rentre !
LE GARDER ENFERMÉ …
CE N'EST PAS BON POUR LA SANTÉ … IL FAUT QU'IL PRENNE UN PEU LE SOLEIL
CE WEEK-END, JE L'EMMÈNERAI DANS UN PARC D'ATTRACTIONS HORS DU DÉPARTEMENT, ET LÀ, IL JOUERA DEHORS AUTANT QU'IL VOUDRA !

DIRE QU'IL NE PEUT MÊME PAS FAIRE DES PÂTÉS AVEC LA TERRE ...
CLAC
LES CLÔTURES DE BÉTON BRAN-LANTES.
LES TOITS RECOU-VERTS DE BÂCHES BLEUES.
LES VÉHICULES DE POLICE OU DES FORCES D'AUTO-DÉFENSE ...
QUI PASSENT, DE TEMPS EN TEMPS ... EN APPARENCE, LA VILLE DE FUKUSHIMA SEMBLE SORTIE D'AFFAIRE.
MAIS CE QUI A PROFON-DÉMENT CHANGÉ ...
C'EST QU'ON NE VOIT PLUS AUCUN ENFANT DEHORS.

UN MOIS ET DEMI APRÈS L'EXPLOSION ...
LA RADIOACTIVITÉ EN VILLE EST, PARAÎT-IL, ENCORE ÉLEVÉE.
LES SPÉCIALISTES ET LE GOUVERNEMENT PRÉTENDENT "QU'À CE NIVEAU, LE CORPS NE SUBIT AUCUN DOMMAGE IMMÉDIAT".
J'AURAIS DÛ METTRE UN CHAPEAU
Comme cette fille
C'EST PAS UN PEU EXAGÉRÉ ?
IL FAUT JUSTE ÉVITER LA PLUIE ET LA NEIGE
ÇA VEUT DIRE QU'IL Y AURA DES DOMMAGES ... PLUS TARD ?
LYCÉE WAKABA - DÉPARTEMENT DE FUKUSHIMA
PVOC
PLIC PLIC PLIC
LA PLUIE !

Hiiii noon !
OH NON ! IL PLEUT !
VITE ! TOUT LE MONDE À L'INTÉRIEUR !
TENEZ, DES PARAPLUIES !
MONSIEUR !
SSSHH
TOF
Haa Haa
C'est arrivé d'un coup !
J'AI EU LES JETONS !
J'ai les pieds trempés ...
BLA BLA
C'ÉTAIT JUSTE ! MAIS JE NE SUIS PAS MOUILLÉE ...
DIRE QU'ON A PEUR À CHAQUE FOIS QU'IL PLEUT, MAINTENANT ...
RAS LE BOL !
Haa

JE M'APPELLE FUMI KUBO, JE SUIS EN DERNIÈRE ANNÉE DE LYCÉE.
C'EST LA PREMIÈRE FOIS QUE JE RETOURNE AU LYCÉE DEPUIS LA CATASTROPHE.
ROOOH LA GAFFE !
J'AI MIS MON SLIP BRÉSILIEN !
JE SENTAIS BIEN QUE ÇA ME GÊNAIT ...
EN FAIT, JE L'AI MAL ENFILÉ, JE CROIS BIEN
...
ÇA ME SERRE LA HANCHE ET ÇA REMONTE SUR LA FESSE DROITE ...
Tu vois ?

ÇA NE LA FAIT PAS RIRE.
L'AUTRE JOUR, J'AI CONFONDU LES MANGAS ...
UN AMOUR CHAGRIN ET UN AMOUR QUI CRAINT
EUH EUH ... ...
HUM...
AH ...
ARRÊTE DE LA BOMBARDER DE BLAGUES !
Ça ne marche pas
Tu dis toujours les mêmes bêtises !
MMMH... Mais euh ...
QUEL BONHEUR DE TE REVOIR, FUMI
MOÉ.
AYAKA.
POUR TOI, C'EST AUJOURD'HUI, LA RENTRÉE

EN TOUT CAS ...
JE SUIS TROP CONTENTE ...
MAYU.
QUE TU SOIS DE RETOUR
...
DÉSOLÉE ... DE VOUS AVOIR INQUIÉTÉES
DEPUIS LE 11 MARS ...
ET JUSQU'À HIER ...
JE SUIS RESTÉE CLOÎTRÉE CHEZ MOI.

DÉMÉNAGER HORS DU DÉPARTEMENT ?
CHANGER DE LYCÉE ?
MAIS ÇA VEUT DIRE ... ÊTRE SÉPARÉS DE TOI ET DE PAPA ?
LE 14 MARS, JOUR DE L'EXPLOSION DU RÉACTEUR N° 3, MON PÈRE NOUS A PROPOSÉ À MA MÈRE, MON PETIT FRÈRE ET MOI, D'ALLER NOUS INSTALLER CHEZ NOS GRANDS-PARENTS DE YAMAGATA.
MON PÈRE, QUI TRAVAILLE DANS UNE ASSOCIATION S'OCCUPANT D'ENFANTS EN BAS ÂGE ...
A DÉCIDÉ DE RESTER POUR LES ENFANTS COINCÉS ICI ET LEURS PARENTS.
IL VAUDRAIT MIEUX QUE ...
VOUS PARTIEZ, QUELQUE TEMPS
TU DIS ÇA MAIS ...
COMBIEN DE TEMPS ?
ON NE SAIT PAS ENCORE ...
FUMI ... C'EST IMPOR-TANT
...

"CE JOUR-LÀ", ALORS QUE LE SOL N'EN FINISSAIT PLUS DE TREMBLER...
JE SUIS ALLÉE ME PROMENER AVEC MON PETIT FRÈRE SHÔHEI DANS LE CHAMP DEVANT LA MAISON.
MON PORTABLE NE CAPTAIT PAS...
IMPOSSIBLE DE CONTACTER MES PARENTS...
TANDIS QUE LES SECOUSSES CONTINUAIENT, LA NEIGE A COMMENCÉ À TOMBER.
SOUS LE CIEL GRIS, J'AI CRU QUE LE PAYS ENTIER S'EFFONDRAIT.
JE NE VEUX PAS...
JE PRÉFÈRE RESTER ICI AVEC PAPA ET TOI
FUMI... MAIS...
SI UN NOUVEAU SÉISME DEVAIT SE PRODUIRE, JE NE REVERRAIS PEUT-ÊTRE JAMAIS MON PÈRE.
C'EST CETTE ANGOISSE QUI M'A POUSSÉE À RESTER À FUKUSHIMA.
MAIS À CAUSE DE LA RADIOACTIVITÉ, JE N'AI PLUS QUITTÉ LA MAISON.

TU ES VIVANTE ?
OUAAH QUEL SOULAGEMENT !
JE N'EN PEUX PLUS DE LA PUB DU GOUVERNEMENT AVEC LEUR MUSIQUE DÉBILE POPOPOPOOOON* !
MAYU
ÇA VA, FUMI ?
CHEZ MOI, IL N'Y A PLUS D'EAU.
MOÉ
AUJOURD'HUI, J'AI TRAVAILLÉ COMME BÉNÉVOLE, ET NOTRE AUBERGE EST PLEINE DE RÉFUGIÉS.
AYAKA
AUX MAILS DE MES AMIES ...
J'AI JUSTE RÉPONDU : "JE SUIS EN VIE."
*SEULE PUBLICITÉ DIFFUSÉE À LA T.V. APRÈS LE SÉISME, TRÈS CRITIQUÉE POUR SA MÉLODIE JOYEUSE ET SES ANIMAUX ANIMÉS QUI DÉFILAIENT EN SOURIANT.
SATÔ NOUS PROPOSE D'ALLER PRENDRE UN BAIN CHEZ EUX
ILS ONT ENCORE L'EAU ET LE GAZ, DANS SON QUARTIER
Vas-y avec Shôhei
Ouiii !
TU M'ENTENDS, FUMI ?
ÇA VA ... C'est pas la peine
ALORS QUE JE N'AVAIS PAS LA FORCE DE SORTIR AIDER À LA RECONSTRUCTION BÉNÉVOLE DU QUARTIER ...
COMMENT AURAIS-JE PU ME PERMETTRE DE ME PRÉLASSER DANS UN BAIN, SACHANT QUE MES VOISINS N'AVAIENT PAS ENCORE RETROUVÉ L'EAU ?
LORSQUE LE TAUX DE RADIOACTIVITÉ EN VILLE EST DESCENDU À 15 MICROSIEVERTS, QUE LES GENS QUI AVAIENT FUI SONT REVENUS ...
J'AI SENTI QUE MON CORPS N'ALLAIT PAS BIEN.
ANÉMIE, DIARRHÉE, BOUTONS, ET MON PETIT FRÈRE QUI SAIGNAIT DU NEZ ...
LE MÉDECIN A DIT QUE C'ÉTAIT À CAUSE DU STRESS DE LA CATASTROPHE, MAIS EST-CE VRAIMENT LA SEULE CAUSE ?
POURQUOI MON CORPS ÉTAIT-IL SI LOURD ?

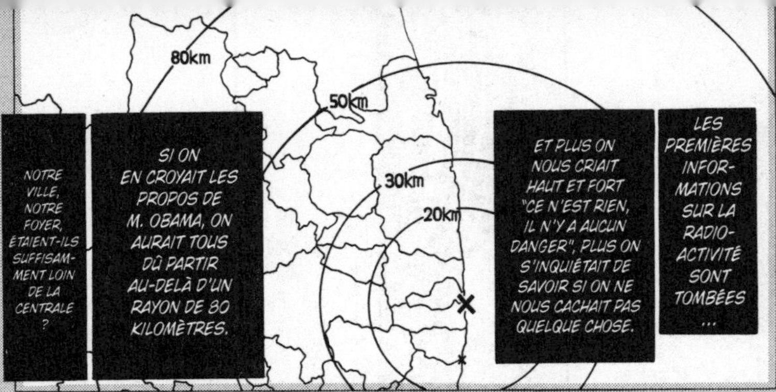

*LA VILLE DE FUKUSHIMA EST SITUÉE À 60 KM ENVIRON DE LA CENTRALE DE FUKUSHIMA DAIICHI.

*CE GROUPE DE ROCK, MENÉ PAR LE CHANTEUR KIYOSHIRÔ IMAWANO, AVAIT COMPOSÉ CE MORCEAU AU MESSAGE ANTINUCLÉAIRE EN 1988.
À L'ÉPOQUE, SUITE À UN ÉNORME SCANDALE, LE CD AVAIT ÉCHAPPÉ DE PEU À LA CENSURE.
APRÈS LE SÉISME DE 2011, NOMBRE DE JAPONAIS ONT REDÉCOUVERT CETTE CHANSON.

TOP
TU AS BIEN FAIT DE RESTER, FUMI !
DANS MA CLASSE, IL Y A DÉJÀ QUATRE ÉLÈVES DE PARTIS !
J'AVAIS PEUR QUE TOI AUSSI, TU SOIS DANS LE LOT
Bonjour !
Ça me rassure !
EN VÉRITÉ, JE N'AI PAS ENCORE DÉCIDÉ SI JE RESTAIS POUR DE BON, OU SI JE DEVAIS QUITTER LA VILLE.
OUI ...
JE NE ME VOYAIS PAS PRÉPARER LE CONCOURS D'ENTRÉE À LA FAC ENFERMÉE À LA MAISON ...
ET CE N'EST PAS PARCE QU'ON VIENT DE FUKUSHIMA QU'ON EST DISPENSÉ DE CONCOURS ...
CETTE HISTOIRE DE RADIOACTIVITÉ RESTE UN MYSTÈRE, POUR MOI, MAIS JE N'EN POUVAIS PLUS ...
DE RESTER CLOÎTRÉE CHEZ MOI
C'EST ...
CE QUE J'AI PENSÉ, L'AUTRE JOUR, DEVANT MON OMELETTE ...
Ha ha, c'est marrant que tu penses à un truc pareil en plein repas !
Tu vois ...
NOUS AUTRES, LES HUMAINS, ON A COMME UN "THERMOSTAT" INTÉRIEUR, QUI NOUS INDIQUE CE QU'ON DOIT FAIRE

POF
POF
MÊME TOI, LA MEILLEURE DE LA PROMO, TU N'AS PAS ENCORE TROUVÉ LA RÉPONSE !
JE N'ÉTAIS PAS D'ACCORD ...
POUR VENIR À L'ÉCOLE SANS SAVOIR, POUR LES RADIATIONS ... POUR MOI, C'ÉTAIT ...
COMME RENDRE COPIE BLANCHE À L'EXAMEN
Ha ha
JE TE RECONNAIS BIEN LÀ, FUMI !
POUR L'INSTANT ...
J'ESSAYE DE RESTER CONCENTRÉE SUR LA PRÉPARATION DU CONCOURS.
EN TOUT CAS, JE SUIS CONTENTE DE TE RETROUVER AUSSI EN FORME QU'AVANT
MÊME SI TU AS UN PEU MAIGRI ... IL FAUT MANGER, TU SAIS
Bon
PAS LA PEINE DE TRAÎNER ICI, ALLONS DIRECT À LA SALLE DU CLUB
QUOI ? MAIS ON A COURS, LÀ
NE STRESSE PAS
ON A JUSTE UN PETIT QUELQUE CHOSE À TE DONNER
CLUB DE MUSIQUE
SALLE A

JOYEUX ANNIVERSAIRE !
DE NOTRE PART, À TOUTES LES TROIS !
OOOH ...
ON ESPÈRE QUE ÇA TE PLAIRA, BREF, OUVRE-LE
Reste pas figée comme ça, allez, ouvre !
Ah ! OUI
Tout de suite ...
FROSH SHAF
OUAAH, UNE BARRETTE !
AVEC MON INITIALE ?
Et un motif de fleurs ...
MAIS ... POURQUOI VOUS ...

HI HI
SHAF
Vous aussi ? Ma fleur et ses soeurs ...
C'EST UNE MARGUERITE ?
Des soeurs de fleurs ...
OUI, "DAISY" EN ANGLAIS !
C'EST ÇA !
COMME LE NOM DE NOTRE GROUPE !
ÇA PROUVE QU'ON EST ENSEMBLE, ICI ET MAINTENANT
ALORS ATTENTION À NE PAS LA PERDRE
EH OUI ! ÇA NOUS FAISAIT TROP ENVIE !
IL FALLAIT BIEN SE FAIRE PLAISIR, APRÈS TOUT CE QUI EST ARRIVÉ ...
EN FAIT, DEDANS, IL Y A UN GPS ! COMME ÇA ...
SI ON MEURT, ON SAURA OÙ NOUS RETROUVER
Quoi ?!
C'EST VRAI ?

MAIS NON, JE DÉCONNE !
AVEC TON CÔTÉ GEEK, ON PEUT S'ATTENDRE À TOUT, VENANT DE TOI !
N'EMPÊCHE QUE CE GAGE D'AMITIÉ M'A BIEN RUINÉE... TOUT MON ARGENT DE POCHE DU MOIS Y EST PASSÉ !
C'ÉTAIT LE PRIX DE 5 VOLUMES DE *LUI ET LUI*, TOUT DE MÊME...
TOI ET TES *YAOÏ* !
Des mecs qui flirtent ensemble, c'est trop zarbi !
Et moi je comprends pas comment tu peux déclarer ton amour à un mec pour le larguer deux heures après ! Ça, c'est bizarre !
Quoi ?! Espèce d'otaku, je te permets pas !
Ça suffit
Allez
ARRÊTEZ DE VOUS CHAMAILLER...
TA TA TA TA TAM
SST
LES FILLES...
ET SI ON REFORMAIT...
LE GROUPE ?

QUOI ?
MOÉ ...
MAIS ...
T'ES SÉRIEUSE ?
AVEC TOUS LES PROBLÈMES QU'ON A ?
JUSTEMENT, PUISQU'ON EN EST LÀ ...
JE COMPRENDS TES RÉTICENCES MAIS ...
...

JUSTEMENT...
PUISQU'ON...
EN EST LÀ !
OUAIS...
PAS FAUX
MOI, JE DIS QUE C'EST JOUABLE !
APRÈS LA CATASTROPHE...
ON A TOUTES LAISSÉ TOMBER CE QUI NOUS FAISAIT PLAISIR, PAS VRAI ? EH BEN, ON AVAIT TORT !
ON DEVRAIT S'Y REMETTRE, FUMI !
À LA RENTRÉE EN DERNIÈRE ANNÉE, ON AVAIT PRÉFÉRÉ ARRÊTER LA MUSIQUE.
LE GROUPE, ÉCRIRE LES MÉLODIES, LES PAROLES, C'ÉTAIT FINI.
ALORS QU'EN FAIT, ON AURAIT DÛ...
OUI...
BONNE IDÉE !

FAISONS ÇA !
COMME ON NE SAIT PAS CE QUE DEMAIN NOUS RÉSERVE...
PROFITONS-EN POUR FAIRE CE QUI NOUS PLAÎT, SANS PEUR, SANS LIMITE !
CE SERAIT TROP DOMMAGE DE SE PRIVER...
EN SE DISANT QU'ON N'EN A PAS LE DROIT, QUE CE N'EST PAS LE MOMENT...
OUAH OUUUH ! QUELLE AMBIANCE, D'UN COUP !
Les filles, je viens de réaliser que j'étais trop frustrée !
JE NE PENSAIS PAS QUE FUMI LA BOSSEUSE SERAIT D'ACCORD !!
SANS LA CATASTROPHE, JE N'AURAIS PEUT-ÊTRE PAS SAUTÉ LE PAS.
MOI ? J'AI TOUJOURS LE FEU SACRÉ...
BIEN JOUÉ, MOÉ !

ON A PERDU PLEIN DE CHOSES, DEPUIS LE SÉISME ... ET D'AUTRES SONT DEVENUES IMPOSSIBLES
MAIS ON VA EN INVENTER DE NOUVELLES ! ON PEUT MÊME DIRE ...
QUE GRÂCE À LA CATASTROPHE, TOUT DEVIENT POSSIBLE !
CLAC
ÇA ALORS ! LE GROUPE "DAISY" EST DE RETOUR ?
NOTRE PROF DE MUSIQUE, NACCHAN !

Eh oui !
DITES, VOUS VOULEZ BIEN NOUS PRÊTER LA SALLE DU CLUB, POUR LES RÉPÈTES ?
MAIS BIEN SÛR !!
TANT QUE VOUS VOULEZ !
LES PETITS PLAISIRS SONT TELLEMENT RARES, EN CE MOMENT...
À PROPOS, JE VAIS M'EN GRILLER UNE
Je sais que c'est interdit mais bon ...
SPOF
NAÏKE
NAC-CHAN !
ÇA SE LIT COMMENT, LE TRUC DANS VOTRE DOS ?
C'est une nou-velle marque ?
Na... Naïke ?!
NAÏKE
"NIKE"
OUAH HA HA
C'est pas terrible !
Et c'est de traviole, non ?!
Il fallait pas être si radine
MA MÈRE EST UNE AS DE LA BRODERIE
Tu veux bien me faire un "Nike", s'te plaît ?
O.K.
ET VOILÀ LE RÉSULTAT !!
C'est brodé à sa façon !

ALLEZ, REJOUEZ-MOI LE MORCEAU QUE VOUS AVEZ INTERPRÉTÉ À LA FÊTE DU LYCÉE DE L'AN DERNIER
CHÈRE NACCHAN ...
CETTE HISTOIRE DE BRODERIE, C'EST FAIT EXPRÈS, N'EST-CE PAS ? JUSTE POUR NOUS REMONTER LE MORAL.
UN TEL GESTE ... IL Y A DE QUOI PLEURER.
MAYU, AYAKA, MOÉ ...
DEPUIS QUAND ATTENDIEZ-VOUS POUR M'OFFRIR CETTE BARRETTE ?
MERCI, VOTRE CADEAU A RÉCHAUFFÉ MON COEUR ...

AYAKA ADORE LE BOY'S LOVE.
C'EST UNE VRAIE OTAKU, ELLE EST DINGUE D'UN TAS DE CHOSES ...
L'INFORMATIQUE, LES TRUCS MILITAIRES, L'ÉPOQUE SHÔWA ...
AU DERNIER CONTRÔLE DE LITTÉRATURE CLASSIQUE, AU DOS DE SA FEUILLE, ELLE A JUSTE ÉCRIT UN POÈME DE TATSUJI MIYOSHI*, INTITULÉ "SUR UNE BOSSE DE CHAMEAU" ...
ÇA LUI A VALU UN ZÉRO POINTÉ, MAIS ELLE S'EN FICHE.
*1900-1964, CÉLÈBRE POUR SES POÈMES EN VERS LIBRES ET POUR SES TRADUCTIONS D'AUTEURS FRANÇAIS, DONT CHARLES BAUDELAIRE.
MAYU EST LA FILLE D'UN CULTIVATEUR DE RIZ, C'EST SANS CONTESTE LA IT GIRL DE LA CLASSE.
ELLE ESPÈRE DESCENDRE À TOKYO APRÈS LE LYCÉE, POUR Y TRAVAILLER COMME VENDEUSE AU 109**.
** CÉLÈBRE IMMEUBLE TRÈS PRISÉ DE LA JEUNESSE, DÉDIÉ À LA MODE BON MARCHÉ.
QUANT À MOÉ, ELLE VIENT D'UNE FAMILLE AISÉE - SON PÈRE EST DÉPUTÉ - ELLE JOUE DU PIANO ET APPREND L'ART FLORAL.
ELLE A CHOISI LA BATTERIE CAR ELLE VOULAIT FAIRE QUELQUE CHOSE DE "PAS DU TOUT COMME ELLE" EN ENTRANT AU LYCÉE.

SANS CE GROUPE, ON NE SERAIT SANS DOUTE JAMAIS DEVENUES AMIES, TOUTES LES QUATRE.
ON EST TELLEMENT DIFFÉRENTES LES UNES DES AUTRES ...
C'EST MOI QUI AI TROUVÉ LE NOM "DAISY" ...
UN NOM DE FLEUR QUI ME PLAISAIT.
J'AI BIEN FAIT DE REVENIR AU LYCÉE ...
AH ... CETTE SENSATION ...
JE ME SENS ... REVIVRE, ENFIN !

HAA HAA
HAA
OUAAAH ... LA VACHE ...
C'ÉTAIT TROP PUISSAAAANT !!
On essaye un autre arrangement ?
Ça y est, t'es déjà au taquet !
DITES ...
Haa Haa...
JE VIENS D'AVOIR UNE IDÉE

VOILÀ CE QUE JE PROPOSE ... CE JOUR VA DEVENIR ... NOTRE JOURNÉE
C'EST UN TEL MIRACLE DE SE RETROUVER ICI, TOUTES LES QUATRE ...
Hé hé !
C'EST ... UN TEL PLAISIR, D'ÊTRE DE NOUVEAU ENSEMBLE ...
"NOTRE JOURNÉE."
QUOI QU'IL ARRIVE ...
MÊME SÉPARÉES ...
MÊME DEVENUES VIEILLES, TOUS LES ANS, ON SE DONNERA RENDEZ-VOUS À CETTE DATE, SANS FAUTE
AVEC NOS BARRETTES DANS LES CHEVEUX
D'accord ?
On ne peut plus l'arrêter ...
O.K. O.K. !
BLA BLA
CE QU'ELLES SONT MIGNONNES ...
MOÉ ...

EN LANGAGE DES FLEURS, "DAISY" SIGNIFIE ...
"NOS SENTIMENTS SONT RÉCIPROQUES."
CLAC
KUBO
COUCOU !
L'AVION "CÉSIUM" DÉCOLLE !
ATTENDEZ LE CAPITAINE MICROSIEVERT !
ATTENTION AUX SECOUSSES ! LA CENTRALE 7 VA EXPLOSER !
Fuyons !
C'EST QUOI, CE JEU ?
PATA PATA PATA
55
Tiens ! Un rayon radioactif !
Aargh !
PAS ÉTONNANT, AVEC CE QU'ILS ENTENDENT TOUS LES JOURS ...

ET POURTANT, ILS IGNORENT CE QU'EST LA RADIOACTIVITÉ.
FORCÉS DE RESTER ENFERMÉS, SANS COMPRENDRE POURQUOI ...
CE SONT LES ENFANTS, LES PREMIÈRES VICTIMES DE LA CATASTROPHE.
MERCI POUR VOTRE AIDE, M. KUBO ... MERCI INFINIMENT
OUI ... JE PARS DEMAIN MATIN
SI VOUS REPASSEZ DANS LE COIN, FAITES-NOUS SIGNE
TOUS CES HABITANTS QUI QUITTENT FUKUSHIMA ...
...
NON, NOUS ... NOUS NE REPASSERONS PAS, JE PENSE
QUAND JE VOIS TOUS CES GENS QUI S'ACTIVENT À RECONSTRUIRE LA VILLE ...
ALORS QUE MOI ...
JE PRÉFÈRE FUIR AVEC LES MIENS, ÉGOÏSTEMENT

MÊME SI UN JOUR, LE TAUX DE RADIOACTIVITÉ RETOMBAIT À ZÉRO, JE NE REMETTRAIS JAMAIS LES PIEDS ICI
VOUS COMPRENEZ ? COMMENT REVENIR, COMME SI DE RIEN N'ÉTAIT
QU'EST-CE QUE LES VOISINS PENSERAIENT ?
ALLONS, CESSEZ DE VOUS TOURMENTER ...
JE PARS EN SACHANT QUE C'EST POUR TOUJOURS
...
C'EST AINSI ... JE N'Y PEUX RIEN
POUR MES ENFANTS ...
Je n'ai pas le choix ...
PAS UNE SECONDE ...
JE N'AI PENSÉ QUE ÇA M'ARRIVERAIT UN JOUR
PARTIR DE CETTE VILLE OÙ JE SUIS NÉE ...
OÙ J'AI GRANDI ... J'AURAIS TANT AIMÉ CONTINUER DE VIVRE À FUKUSHIMA
RIVIÈRE ABU
PISTE CYCL

Portez-vous bien !
Merci pour tout !
À BIENTÔT !
...
BONSOIR, FUMI !
Ah
PAPA ...
ALORS ? C'ÉTAIT BIEN, L'ÉCOLE ?
OUI, TOUT LE MONDE A L'AIR EN FORME
Mayu est toujours aussi rigolote !
REGARDE, LES COPINES ONT MÊME PENSÉ À MON ANNIVERSAIRE ♡
Montre-moi ton cadeau !!
SINON, QUATRE ÉLÈVES DE MA CLASSE ONT QUITTÉ LA VILLE
MAIS IL Y EN A PLEIN DE NOUVEAUX ...
QUI VIENNENT DE FUTABA, DE NAMIÉ ...
STAP

ÇA VEUT DIRE QUE NOTRE VILLE EST PLUS SÛRE, NON ?
...
TU SAIS, CETTE HISTOIRE DE PÉRIMÈTRE DE 30 OU 50 KILOMÈTRES ...
EST DIFFICILE À CROIRE ... COMMENT PEUT-ON DÉLIMITER LA RADIOACTIVITÉ D'UN SIMPLE COUP DE COMPAS ?
EN VÉRITÉ, ON IGNORE À QUEL POINT FUKUSHIMA EST TOUCHÉE
ARRÊTE DE M'INQUIÉTER, PAPA ...
FUMI ...
SI TU VEUX PARTIR QUELQUE TEMPS HORS DU DÉPARTEMENT ...
IL N'EST PAS TROP TARD
VU TES BONNES NOTES ET LE CARACTÈRE EXCEPTIONNEL DE LA SITUATION, TU POURRAS INTÉGRER N'IMPORTE QUEL LYCÉE AU JAPON
CERTAINS PROPOSENT MÊME DES DISPENSES DE FRAIS, D'AUTRES ACCUEILLENT AUSSI LES ÉLÈVES EN PENSION
MES PARENTS ONT APPELÉ TOUS LES LYCÉES DU JAPON.
ILS SAVENT QUE JE CHERCHE LE MAXIMUM D'INFORMATIONS SUR LES RADIATIONS ...
2012
Lycée M de la ville de Yamagata

FUMI, TU T'INQUIÈTES POUR MOI, N'EST-CE PAS ? NE CRAINS RIEN, TOUT IRA BIEN
NON, CE N'EST PAS ÇA ...
L'ARGENT NON PLUS N'EST PAS UN PROBLÈME
ON A BEAU VOULOIR L'OUBLIER, LA CACHER, CETTE HISTOIRE DE RADIOACTIVITÉ EST TOUJOURS LÀ, ELLE NE NOUS QUITTE JAMAIS.
FUMI, SHÔHEI ...
VOUS AVEZ TOUT L'AVENIR DEVANT VOUS
EN RESTANT ICI, ON VA FINIR IRRADIÉS.
MAIS MÊME SI ON FUYAIT LE DÉPARTEMENT, ON FINIRAIT INÉVITABLEMENT PAR CULPABILISER.
QUE FAIRE, ALORS ?
SI C'EST POUR ME SENTIR COUPABLE ...
CE N'EST PAS LA PEINE DE DÉMÉNAGER
JE SUIS INCAPABLE DE PRENDRE UNE DÉCISION.

SI JE LEUR ANNONÇAIS QUE JE SOUHAITE QUITTER LA VILLE ...
COMMENT RÉAGIRAIENT MAYU ET LES AUTRES ?
ELLES ME CONSIDÉRERAIENT COMME UNE TRAÎTRESSE ?
APRÈS LE SUPER MOMENT QU'ON A PARTAGÉ, AUJOURD'HUI ...
FUMI ...
PAPA, ÇA T'EMBÊTE QUE JE RESTE ICI ? TU AS PEUR QUE ...
NOTRE MAMIE DE YAMAGATA ...
TE REPROCHE DE NE PAS PENSER À TES ENFANTS ?
Fumi ...
Hé hé !
MOI, ÇA ME VA BIEN, DE RESTER
MAIS JUSQU'À QUAND ?
JE VAIS TENIR LE COUP, TU VERRAS !
JE N'AI AUCUNE ENVIE DE QUITTER MES AMIES
CE WEEK-END, JE PRÉPARE MON EXAMEN BLANC À L'ÉCOLE PRÉPARATOIRE
TENIR LE COUP ... ÇA VEUT DIRE QUOI, AU JUSTE ?

QUE DOIS-JE FAIRE ... RÉELLEMENT ?
ÉCOLE PRÉPARATOIRE FUKUMEI
DRIING
ouf
J'AVAIS PEUR D'AVOIR PRIS DU RETARD
MAIS BON, FINALEMENT, ÇA ROULE
HEUREUSEMENT QUE JE SUIS BOSSEUSE.
TOUJOURS EST-IL QUE JE N'ARRIVE PAS À ME PROJETER DANS L'AVENIR.
TUUUU TUUUU TUUUU TUUUU
BOBOM
ENCORE UN TREMBLEMENT DE TERRE ...
CLANG
Aaah
IL ARRIVE !
ÇA CRAINT !
Oh non !

BRR BRR
ÇA N'ARRÊTE PAS, AUJOURD'HUI !
SPOMF
C'EST FORT ... AUTANT QUE CELUI DU 11 MARS !!
TOUT VA BIEN, KUBO
TAMAKI ?

BLA BLA
IMPOSSIBLE DE S'Y HABITUER
MON CORPS CONTINUE DE TREMBLER ...
Fouh !
Même l'alarme de portable me fait peur !
Normal, elle se déclenche avec l'approche du séisme.
Dis ...
IL EST PAS MAL, CE CASQUE ! Ça protège même des clous qu'on peut se prendre sur la tête !
FROT FROT
C'EST POUR LES OUVRIERS QUI BOSSENT SUR LES CHANTIERS
ICI, C'EST POUR COLLER DES ÉTIQUETTES D'AUTORISATION POUR Y AVOIR ACCÈS
MOI, J'EN AI AUCUNE, DU COUP, J'AI RIEN SUR MON CASQUE
LA FAMILLE DE TAMAKI TRAVAILLE DANS LE BÂTIMENT.
MAIS CES ÉTIQUETTES SONT SUPER COOL
Il existe des tas de diplômes ...
Ce casque, c'est un spécial Tamaki
Hi hi !
TU TE PROMÈNES TOUJOURS AVEC ?
EN FAIT, AUJOURD'HUI, JE VAIS FILER UN COUP DE MAIN
AH OUI ? Sur un chantier ?
C'EST VRAI QU'IL PORTE UN PANTALON SPÉCIAL ...
ON MANQUE DE BRAS, POUR TOUT DÉGAGER
TU VEUX DIRE ... DÉGAGER LES DÉCOMBRES ?
OUAIS
LES DÉCOMBRES SONT HYPER RADIOACTIFS ...

MAIS TU RISQUES D'ÊTRE ...
IRRADIÉ ...
OUAIS ...
MAIS TANT QU'IL Y A DU BOULOT, IL FAUT Y ALLER ! SI JE FAIS LA MAUVIETTE ...
LES JEUNES EMPLOYÉS DE MON PÈRE VONT SE MOQUER DE MOI
MAIS ... POURTANT, TOI AUSSI TU ...
AUJOURD'HUI ENCORE, J'HÉSITE.
LA RADIOACTIVITÉ N'A NI ODEUR, NI SON, NI COULEUR, ELLE RESTE INVISIBLE ...
ET C'EST JUSTEMENT CE QUI LA REND AUSSI EFFRAYANTE.
TU DOIS AVOIR PEUR, J'IMAGINE ?

HMM ...
NETTOYER LA VILLE ...
REDONNERA PEUT-ÊTRE LE SOURIRE À QUELQU'UN ?
ET SI C'ÉTAIT LE CAS, J'AIMERAIS QUE CE SOIT TOI

...
HM ?
QUOI ?
EUH ... NON, RIEN
SHAK
C'EST SORTI TELLEMENT SPONTANÉMENT ...
Ah ...
JE DOIS Y ALLER
SALUT !
AH ...
BON ...
BON COURAGE !

SES MOTS ME FONT ME SENTIR LÉGÈRE, D'UN COUP.
AVANT LA CATASTROPHE, JE NE LES AURAIS PAS PRIS TRÈS AU SÉRIEUX.
MAIS LÀ, SES PAROLES M'ONT VRAIMENT TOUCHÉE …
HUM
C'EST QUI, LUI ?
OUAH !
HMM, ELLE EST DÉJÀ CONQUISE …
Oh oh !
C'est clair !
VOUS SORTEZ ENSEMBLE ?!
Mais non, enfin !
ON EST JUSTE DANS LA MÊME ÉCOLE PRÉPARATOIRE ! IL VIENT D'UN AUTRE LYCÉE …
AH BON ? VOUS SEMBLIEZ TRÈS PROCHES, POURTANT …
Viens donc te confier à moi.
Mais …
On a le temps, pour la répète !
CES RADIATIONS QUI NOUS ENTOURENT … L'ESPOIR NE SUFFIRA PAS À LES FAIRE DISPARAÎTRE.
Fumi, t'as encore l'air toute chose !

COURAGE JAPON
RIEN NE M'EMPÊCHE DE ME RÉALISER.
EN MUSIQUE ...
DANS LES ÉTUDES ...
MAIS IL EST TOUJOURS POSSIBLE DE DONNER LE MEILLEUR DE NOUS-MÊMES.
TAP TAP TAP
FUMI, MAYU !
Non, c'est pas bon.
Souperfraï
ÉCOUTE BIEN ...
AVEC TA PRONONCIATION, ÇA DONNE "SOUPERFRAÏ"
VAS-Y, RÉPÈTE ENCORE ... "SUPERFLY"
HÉ ?
SHAC
VOUS N'ALLEZ PAS LE CROIRE ! MOÉ ...

MOÉ NE VIENDRA PLUS AU LYCÉE !
ELLE A QUITTÉ FUKUSHIMA ...
QUOI ?

Chapitre 2

C'EST QUOI, CETTE HISTOIRE ?!
MOÉ A CHANGÉ DE LYCÉE ?!
EXPLIQUE-TOI !
GRIP
C'EST LE PROF PRINCIPAL QUI NOUS L'A DIT !
ELLE EST PARTIE POUR TOKYO SANS PRÉVENIR PERSONNE ! MAIS IL PARAÎT QU'ELLE NOUS EMBRASSE TOUS, QUAND MÊME...
TOKYO ?! MAIS POURQUOI ELLE NE NOUS A RIEN DIT ?!
MAYU, CALME-TOI !

MOÊ NE NOUS EN A JAMAIS PARLÉ ! JAMAIS !
ALLONS, MAYU, LÂCHE-LA !
ÇA SE FAIT PAS, DE DISPARAÎTRE COMME ÇA !
ÉVIDEMMENT, UNE GOSSE DE RICHES ...
PAS ÉTONNANT QU'ILS AIENT VOULU LA PROTÉGER !
Ben tiens !
AVEC UN PÈRE DÉPUTÉ, C'EST FACILE !
ET ÇA NE LE GÊNE PAS D'ENVOYER UNIQUEMENT SA FILLE LOIN D'ICI ?! ÇA NE L'EMPÊCHE PAS ...
DE DORMIR, J'IMAGINE !!
BLAANG
ELLE NOUS A TRAHIES !!
MOÊ, T'ES QU'UNE LÂCHE !
MAYU ! NE DIS PAS DES CHOSES PAREILLES !

HAA
HAA
Mais ...
TU TE SOUVIENS ? C'EST ELLE QUI A EU L'IDÉE DE REFORMER LE GROUPE !
POURQUOI ELLE A FAIT ÇA ?
POUR SE MOQUER DE NOUS ?!
Hein ?!
ELLE N'A MÊME PAS ENVOYÉ UN MAIL ! VOUS TROUVEZ ÇA NORMAL ?
KOF
JUSTEMENT ... C'EST PEUT-ÊTRE PARCE QU'ELLE CRAIGNAIT UNE RÉACTION DE CE GENRE QU'ELLE NE T'A RIEN DIT
TU PARS AU QUART DE TOUR, MAYU
Ah
PARCE QU'ELLE TE L'A DIT, À TOI ?!
NON, MAIS JE NE SUIS PAS AUSSI SURPRISE, C'EST TOUT
Franchement ...
ELLE AURAIT MÊME PU PARTIR BIEN AVANT
MAIS POURQUOI ?!
ON N'EST PAS DANS LA ZONE D'ÉVACUATION !!
PAM PAM
ON N'EN CRÈVE PAS COMME ÇA, DE CE TRUC !
PAM
POURQUOI ON DEVRAIT S'ENFUIR, ENFIN ?!

PSST
Fffh haaa ...
...
Mayu ...
VOUS EN FAITES, UNE TÊTE !
ÉCOUTE ...
T'ES PAS UNE SPÉCIALISTE EN LA MATIÈRE, QUE JE SACHE ... ALORS COMMENT PEUX-TU PRÉTENDRE QU'ON NE CRAINT RIEN ICI ?
T'ESSAIES JUSTE DE TE RASSURER, C'EST TOUT
CE QUI EST CERTAIN, C'EST QU'ICI, LE TAUX DE RADIOACTIVITÉ EST BIEN PLUS ÉLEVÉ QUE DANS LES AUTRES DÉPARTEMENTS DU PAYS
MAIS JUSTEMENT !
C'EST POUR ÇA QUE NOUS AUTRES, QUI VIVONS À FUKUSHIMA, ON FAIT PLEIN D'EFFORTS !
O.K., ON FAIT DES EFFORTS, MAIS TOUT ÇA POUR QUOI ?
LA PLUIE QUI EST TOMBÉE AUJOURD'HUI, TU ES CAPABLE DE LA NETTOYER ? ET LA COUR DE L'ÉCOLE ...
LES FORÊTS, LES MONTAGNES QUI ONT ÉTÉ TOUCHÉES ...
...
TU NE VOIS DONC PAS QU'ON EST TOTALEMENT IMPUISSANTS ?

TOUS CES EFFORTS, TU CROIS QU'ILS VONT NOUS IMMUNISER CONTRE LA RADIOACTIVITÉ, HEIN ?!
Que ...
QU'EST-CE QUE TU RACONTES ?!
TU VEUX ABANDONNER FUKUSHIMA OU QUOI ?
TU VEUX TE BARRER, COMME MOÉ ?!
BEN ...
SI JE POUVAIS, OUI, JE LE FERAIS !
JE N'AI AUCUNE ENVIE D'ÊTRE COMME CES IMBÉCILES QUI SE RÉUNISSENT ...
EN PROCLAMANT QU'ENSEMBLE, ON NE CRAINT PLUS RIEN DES RADIATIONS !
Tu ...
TU OSES DIRE UN TRUC PAREIL ? TOI, QUI VIS ICI, À FUKUSHIMA ?!
AH, AU MOINS, DEPUIS LE 11 MARS, ON DÉCOUVRE LE VRAI VISAGE DES GENS !
T'AS ENTENDU FUMI ? AYA NOUS A TRAITÉES D'IMBÉCILES !
CE N'EST PAS CE QU'ELLE A DIT ...

ELLE DIT JUSTE QUE CE N'EST PAS PARCE QU'ON S'EN VA QU'ON EST LÂCHE
ÉCOUTE-MOI, BON SANG ! TOUT CE QUE TU RACONTES, C'EST POUR TE RASSURER ! PARCE QUE TU ES COINCÉE ICI !
MA PAUVRE ...
À CAUSE DE VOS RIZIÈRES, VOUS NE POUVEZ PAS DÉMÉNAGER !
AH, MAIS AU FAIT ! C'EST VRAI QUE L'AUBERGE DE SES PARENTS A FAILLI FERMER !
ET MAINTENANT, ELLE EST PLEINE DE MONDE, AVEC LES RÉFUGIÉS !
ET COMME PAR HASARD, LES LIEUX QUALIFIÉS DE REFUGE REÇOIVENT DE L'ARGENT EN DÉDOMMAGEMENT ! PRATIQUE, HEIN ?!
GRR
FINALEMENT, C'EST PLUTÔT UN BON PLAN, POUR VOUS !!
GRR
BAAF
MAYU !

PAAAM
ARRÊTEZ !
BLANG
J'EN PEUX PLUS, DE VOIR MARQUÉ PARTOUT "COURAGE JAPON" !
BLANG
LA RÉALITÉ, C'EST QUE ...
MÊME LES GENS D'ICI SE TORDENT LE NEZ DEVANT LA NOURRITURE PRODUITE À FUKUSHIMA !

...
AAAH ...
C'EST VRAIMENT DÉGUEU-LASSE !
J'EN VEUX PLUS, DE CE TRUC !
SAF
POUR MOI AUSSI, C'EST FINI !
TU PARLES D'UN GAGE D'AMITIÉ !
C'était que du vent !

AYA ...
COMMENT ...
... EN EST-ON ARRIVÉES LÀ ?
ÉCOLE PRÉPARATOIRE FUKUMEI
LES EFFORTS PAYENT TOUJOURS
ÉCOLE PRÉPARATOIRE FUKUMEI
SALUT !

GNI
Hi Hi
...
MFH
OUH-LÀ, C'EST PAS LA JOIE
Bon ...
T'AS VU MA TRONCHE ?!
ON DIRAIT UN CRIMINEL QUI VIENT DE SE FAIRE CHOPER !
GENRE LE MEC QUI TENTE DE BRAQUER UNE SUPÉRETTE POUR TROIS CLOPINETTES ...
Ouah
SE PREND LA PORTE EN VERRE DANS LA TÊTE ET SE RETROUVE UN MOIS À L'HOSTO
Haha
Hahaha
SHAF
TADAM !
J'AI DÉCROCHÉ MON PERMIS DE CONDUIRE !!
BOUAH HA

HA HA ...
C'EST ÇA, HEIN ?
Ha ha
OUAIS !
TU VAS DE NOUVEAU L'AIDER ?
BAH, ON A TOUJOURS BESOIN DE MAIN-D'OEUVRE, ET LES BÉNÉVOLES DES AUTRES RÉGIONS NE VEULENT PAS VENIR JUSQU'ICI
ET L'UNIVERSITÉ ? TU VAS FINIR PAR RATER LE COCHE ...
Euh ... hum ... C'EST PAS FAUX MAIS ...
ET ...
C'EST POUR POUVOIR CONDUIRE LA CAMIONNETTE DE TON PÈRE ?
JE VOULAIS LA DÉTENDRE UN PEU, MAIS JE M'ATTENDAIS PAS À CE QU'ELLE EXPLOSE DE RIRE À CE POINT ...
VEXÉ
DE TOUTE FAÇON, JE COMPTE PAS POSTULER À TOKYO
JE PRÉFÈRE ME TROUVER UNE FAC DANS LE COIN
VRAIMENT ?
EN FAIT, ÇA ME BRANCHE PAS MAL, LE BÂTIMENT, L'URBANISME, TOUT ÇA ...
TU VAS CHANGER D'ORIENTATION ?
Bosser avec mon père m'a appris des trucs ...
LUI QUI VISAIT LA MÊME FAC QUE MOI ...
Je vais tenter la même fac que toi !
ET TOI ? T'AS TOUJOURS ENVIE D'ALLER À TOKYO ?

...
Ta barrette est cassée ?
COMME TU PRÉPARES LE CONCOURS À FOND ...
TAMAKI ...
TU CONNAIS LA SIGNIFICATION DE LA MARGUERITE ?
Pardon ?
NON, JE SUIS NUL À ÇA
CE N'EST PAS TRÈS ÉTONNANT, DE LA PART D'UN GARÇON ...
"NOS SENTIMENTS SONT RÉCIPROQUES"
IL Y A UN SOUCI ?
...
J'IGNORE QUI A RAISON ...
DE MAYU OU D'AYA

QUOI ?
MES AMIES SE SONT VRAIMENT ÉNERVÉES
L'UNE PRÉTEND QUE CEUX QUI PARTENT SONT DES LÂCHES...
L'AUTRE QUE CEUX QUI RESTENT SONT DES IMBÉCILES...
C'EST UN SUJET TELLEMENT DOULOUREUX, IMPOSSIBLE DE SAVOIR QUI A TORT OU RAISON...
AVANT LE 11 MARS...
ON VIVAIT EN NE PENSANT QU'À L'AMOUR, LA MODE, LES TRACAS DE LA VIE QUOTIDIENNE...
ET QUAND ON SE PROJETAIT DANS L'AVENIR...
CHACUN Y ALLAIT DE SON COMMENTAIRE : "JE VEUX ALLER À LA FAC À TOKYO" OU ENCORE "N'IMPORTE OÙ, DU MOMENT QUE C'EST LOIN D'ICI"
MAIS MAINTENANT...
PERSONNE N'OSE PLUS S'EXPRIMER LIBREMENT SUR LE SUJET... C'EST TROP DÉLICAT
MAIS QUOI QU'ON FASSE...
LA SOUFFRANCE EST LA MÊME, NON ?

LES HABITANTS DE FUKUSHIMA SONT DEVENUS HYPERSENSIBLES
Mais ... t'assistes pas au cours ?
BIEN SÛR QUE J'AIMERAIS QUE LA VILLE SOIT VITE RECONSTRUITE !
CELA DIT ...
J'AI LE SENTIMENT QUE CE N'EST PAS À MOI D'ASSUMER CE POIDS.
MAIS EN TANT QU'HABITANTE DE LA RÉGION, AI-JE SEULEMENT LE DROIT DE PENSER COMME ÇA ? DE NE PAS M'INVESTIR ?
FFH
BBVVVVV
NOUVEAU MAIL
UN MAIL DE TAMAKI ?
MOI NON PLUS, JE NE SAIS PAS CE QUI EST BIEN OU PAS

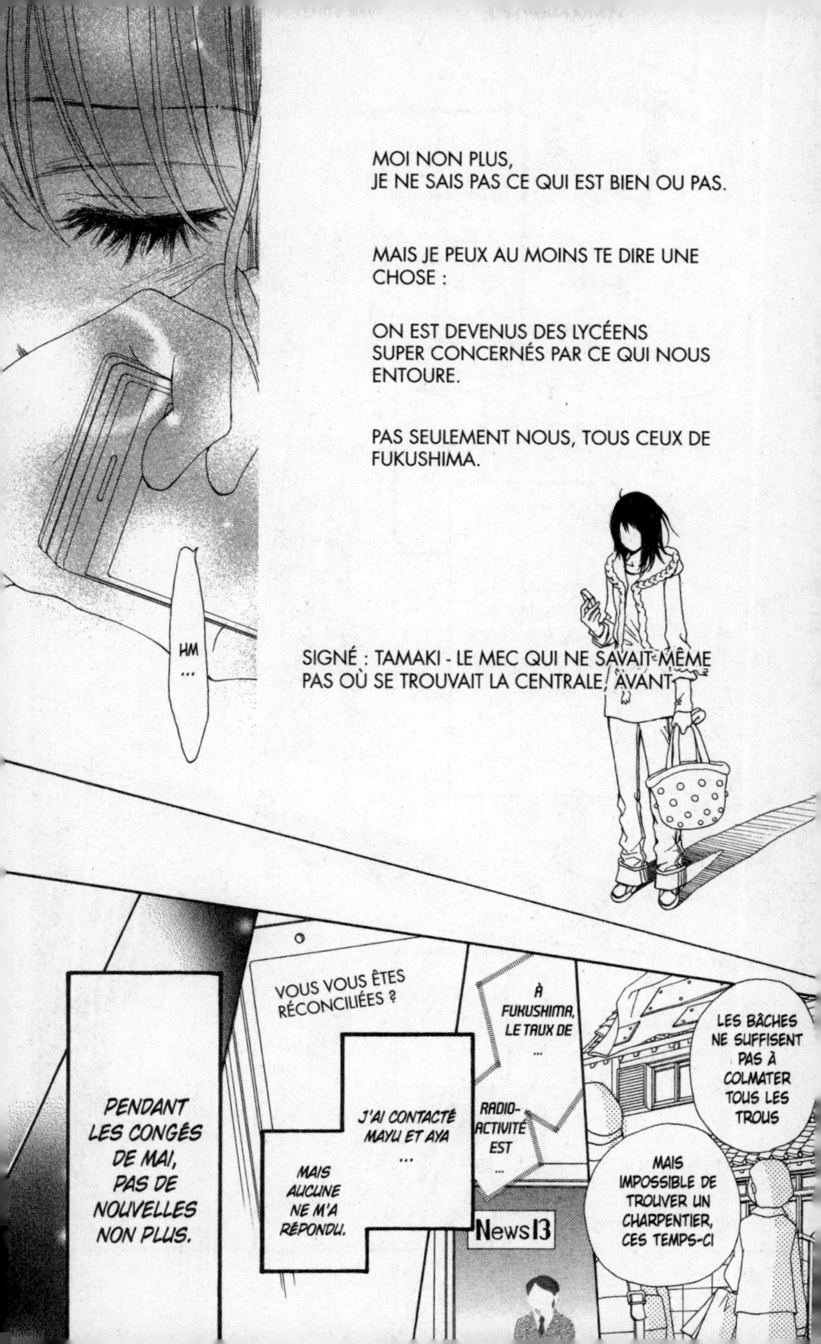
MOI NON PLUS,
JE NE SAIS PAS CE QUI EST BIEN OU PAS.
MAIS JE PEUX AU MOINS TE DIRE UNE CHOSE :
ON EST DEVENUS DES LYCÉENS SUPER CONCERNÉS PAR CE QUI NOUS ENTOURE.
PAS SEULEMENT NOUS, TOUS CEUX DE FUKUSHIMA.
SIGNÉ : TAMAKI - LE MEC QUI NE SAVAIT MÊME PAS OÙ SE TROUVAIT LA CENTRALE, AVANT
HM ...
LES BÂCHES NE SUFFISENT PAS À COLMATER TOUS LES TROUS
MAIS IMPOSSIBLE DE TROUVER UN CHARPENTIER, CES TEMPS-CI
À FUKUSHIMA, LE TAUX DE ...
RADIO-ACTIVITÉ EST ...
News13
VOUS VOUS ÊTES RÉCONCILIÉES ?
J'AI CONTACTÉ MAYU ET AYA ...
MAIS AUCUNE NE M'A RÉPONDU.
PENDANT LES CONGÉS DE MAI, PAS DE NOUVELLES NON PLUS.

NOUS VOILÀ BEL ET BIEN SÉPARÉES.
ON DIRAIT QUE LA RÉALITÉ N'EST PAS AUSSI DOUCE QUE LE LANGAGE DES FLEURS.
BONSOIR !
KUBO
CLAC
JE SUIS TROP CONTENTE DE DÎNER AVEC VOUS !!
Ouah ! Ouah !
Ah
BONSOIR, FUMI !
EUH ...
Coucouuu !
Bonsoir ma chérie
AYA ... QU'EST-CE QUE TU FAIS LÀ ?
Je peux en reprendre ?
BAH, JE TROUVAIS ÇA TROP BÊTE QU'ON RESTE FÂCHÉES ALORS QUE LE LYCÉE REPREND DEMAIN !
MG
MG

MÊME SI JE N'AI PAS COMPLÈTEMENT TORT ...
DANS CE GENRE DE SITUATION, MIEUX VAUT S'EXCUSER
S'EXCUSER ? MAIS PAS AUPRÈS DE MOI, TU LE SAIS ...
TU AS VU MAYU ?
EUH ...
Ha ha hum
PAS ENCORE ...
TU SAIS QUE CE RIZ VIENT DE CHEZ ELLE ?
OUI, BIEN SÛR
C'EST POUR CETTE RAISON QUE JE VIENS LE MANGER CHEZ TOI
AH ...
À LA TÉLÉ ...
J'AI VU QUE DES GENS ACHETAIENT LES LÉGUMES ET LE RIZ D'ICI, POUR SOUTENIR NOTRE RÉGION
ÇA FAIT PLAISIR

MAIS ...
PEUT-ÊTRE QUE RÉCOLTER LE RIZ NE SERA PAS POSSIBLE, CETTE ANNÉE
NON SEULEMENT CETTE ANNÉE MAIS AUSSI L'ANNÉE D'APRÈS, ET LES SUIVANTES ...
EN GROS, TANT QU'IL Y AURA DE LA RADIOACTIVITÉ ... QUE VONT DEVENIR LES RIZIÈRES, DANS CE CAS-LÀ ?
JE SAVAIS POURTANT À QUEL POINT C'EST DUR, POUR MAYU ...
ET LE RIZ DE SES PARENTS ...
A TOUJOURS ÉTÉ SI DÉLICIEUX
ALORS ÇA SERVAIT À QUOI, TOUT CE QUE J'AI DIT ? ÇA CHANGE QUOI À NOTRE SITUATION ? RIEN !

AYA ...
TAF TAF
APRÈS MANGER, ON VA ALLER CHEZ MAYU POUR S'EXCUSER
JE T'ACCOM-PAGNE
MAYU ?
Salut !
FOUH, C'EST LOURD !
TOP TOP
J'APPORTE UN CADEAU ♪
ENFIN, COMME D'HAB, C'EST LE RIZ DE CHEZ MOI !
RASSUREZ-VOUS, C'EST CELUI DE L'AN DERNIER
Du bon
STOM
...
PLOMF
Haa, quelle histoire !
TAP
ÇA ME TRAVAILLAIT, DEPUIS CE MATIN
JE ME DISAIS : DEMAIN, JE REVOIS AYA ...
Quelle blague je vais pouvoir lui faire ?

CE SAC ...
C'EST POUR AYA ?
MAYU-RIZ PRODUIT DANS LE DÉPARTEMENT DE FUKUSHIMA
5kg
OUI ...
TU CROIS QU'ELLE VA L'ACCEPTER ?
À ton avis, elle le mangera ou pas ?
PEUT-ÊTRE QU'ELLE VA TROUVER ÇA NUL, ET ELLE VA PAS ME PARDONNER ...
Ha ha ha
En fait ...
ELLE A RAISON
MON DISCOURS, C'EST CELUI D'UNE FILLE PAUVRE, JALOUSE DE SE RETROUVER PIÉGÉE ICI
EN PLUS, MOÉ EST PARTIE À TOKYO ! TOKYO !!
ALORS J'AI FLIPPÉ
Eh ouais !
LA HONTE ... DEPUIS, JE DORS TROP MAL LA NUIT
GNNN
MAIS ELLE FAIT DES GROSSES SIESTES
...
NOUS AUTRES, AGRICULTEURS, ON N'EST PAS LES SEULS AU BORD DU GOUFFRE
LES AUBERGES AUSSI, SONT VIDES, LES TOURISTES NE VIENNENT PLUS ...
PAS JUSTE LES ÉTRANGERS, LES GENS DES AUTRES DÉPARTEMENTS NON PLUS ! ILS NE VEULENT PLUS METTRE LES PIEDS À FUKUSHIMA
Qu'est-ce qu'on va devenir ?!

FUMI, TU SAVAIS POUR AYA ?
PENDANT LES VACANCES, ELLE A FAIT DU BÉNÉVOLAT EN PLUS D'AIDER SES PARENTS À L'AUBERGE
DANS LE PARC D'AZUMA, QUI SERT DE REFUGE, ELLE S'OCCUPE DE LA CUISINE, DES PETITS ...
ET MÊME DE LA PRÉPARATION DES BAINS DE PIEDS ... SACRÉE AYA !
IL PARAÎT QU'ON L'A MÊME VUE SUR LES CHANTIERS DE NETTOYAGE DES DÉCOMBRES
LES GENS DISENT QUE C'EST SANS FIN ... À MESURE QU'ON ENLÈVE LES DÉBRIS, LA BOUE COULE PARTOUT, ÇA NE S'ARRÊTE JAMAIS ...
J'IMAGINE COMME ÇA A DÛ ÊTRE DUR, POUR ELLE ...
RIEN QUE D'Y PENSER, JE SUIS TOUTE NOUÉE DE L'INTÉRIEUR, JE PEUX PLUS RIEN AVALER ...
ENFIN, À PART UN OU DEUX BOLS DE RIZ
STAM
ÇA SUFFIT !!

Naaaaan
BLUSSSH
T'É-TAIS LÀ ?!
C'EST PAS VRAIII !
Fumi ! Pourquoi tu m'as rien dit ?!
SURPRISE QU'ON DISE DU BIEN D'ELLE.
Hi Hi Hi
TU SAIS, SI J'AI FAIT DU BÉNÉVOLAT, ÇA N'A RIEN D'EXCEPTIONNEL ...
C'ÉTAIT JUSTE ... ÉGOÏSTE ! POUR ME SENTIR FIÈRE DE FAIRE UNE BONNE ACTION !
En fait ...
DONC ... EUH ... JE ...
AH ! MAIS ...
Euh ...
JE TE DEMANDE PARDON !
J'AI ÉTÉ BÊTE !

GNAA
Ha ha ha ha ha !
DIS DONC, TOI !
TU M'AS FILÉ UN MÉCHANT COUP DE POING !
PAS VRAI ?!
GRAAH
TAP TAP TAP
AVEC LA MAIN BIEN FERMÉE ET TOUT !!
AU SECOURS ...
HÉ ! VOUS ALLEZ OÙ ?!
Attendez-moi !
Yaaah !
STAP TAP TAP
YOUHOOOOUH
FROOOOOOOOSH

I LOVE FUKU-SHI-MAAA !
UNE TERRE OÙ LE RIZ BRILLE ET OÙ LES PÊCHES SONT DOUCES !
JE VEUX ME BARRER D'ICIIII !
DE CETTE CAMPAGNE POURRIE ET TOUTE POLLUÉE !
À MORT LA RADIO-ACTI-VITÉ !
MOÉÉÉ !
BONNE CHANCE À TOIII !

IL NE S'AGIT PAS DE TRANCHER, POUR SAVOIR QUI A TORT OU RAISON ...
MAIS SIMPLEMENT DE RECONNAÎTRE ET D'ACCEPTER ...
QUE, MÊME PARMI LES GENS D'ICI ...
TOUS NE PENSENT PAS DE LA MÊME FAÇON.
NOS VIES SONT SI DIFFÉRENTES ... À CHACUN SA RÉALITÉ.

LA HAINE, LA JALOUSIE...
LES GENS DE FUKUSHIMA NE SONT PAS SI MESQUINS.
CE SOIR ENCORE, LA NUIT DE FUKUSHIMA SCINTILLE D'ÉTOILES.
JUIN.
SÉRIEUX ?! MOÉ AVAIT UN CHÉRI LÀ-BAS ?!
UN BEAU MEC, ÉTUDIANT À TOKYO ET FILS D'UN PRÉSENTATEUR TÉLÉ CONNU ?!
MAIS JE VOUS EN AVAIS DÉJÀ PARLÉ !
Oh, c'était donc vrai !
Oui, mais...
MOÉ PRÉTENDAIT QUE C'ÉTAIENT LEURS PARENTS QUI LES AVAIENT POUSSÉS À SE METTRE ENSEMBLE, MAIS C'EST FAUX
ELLE N'OSAIT PAS NOUS DIRE LA VÉRITÉ

Ah
VISIBLEMENT, LEUR AMOUR EST TOUT CE QU'IL Y A DE PLUS SÉRIEUX
ÇA EXPLIQUE QU'ELLE N'AIT PAS HÉSITÉ À PARTIR
Oooh, un chéri !
JE SUIS JALOUSE !
VOUS CROYEZ QU'ILS VIVENT ENSEMBLE ?
PAS SÛR QU'ILS EN SOIENT DÉJÀ LÀ ...
BON, JE L'APPELLE
TIP TIP
TOP

COUCOU ! ME REVOILÀ !
MOÉÉÉÉ !
ALLEZ-Y
FAITES-VOUS PLAISIR, LES FILLES !

ROOOH, LA VIE EST TROP BELLE !
BON APPÉTIT ♡
ATTENDEZ, JE PRENDS DES PHOTOS !
Je les mettrai sur mon blog
Trois ormeaux d'un coup !!
Des vrais maîtres d'hôtel
Des vraies serveuses !!
Un karaoké ? dans une pièce spéciale ?!
RÉGALEZ-VOUS ! ET ...
APRÈS ÇA, ON SE FERA UN KARAOKÉ !
EH BEN, QUE DE SURPRISES ! TU NOUS AS BIEN EUES !
Tout de même ...
C'EST QUOI CETTE FAÇON DE DÉBARQUER À L'IMPROVISTE ?!
C'EST VRAI ... POURQUOI TU N'ES PAS RESTÉE PROFITER ...
DE LA "MÉGA *LIFE*" DE TOKYO ?

Ouah ha ha ha !
POURQUOI ? À CAUSE DE MON ACCENT !
...
Pourtant, tu causes un peu comme les filles de là-bas ...
EXPLIQUE-NOUS, MOÉ ...
Ah
DITES !
J'AI EU UNE SUPER IDÉE, L'AUTRE JOUR ! J'AIMERAIS FAIRE INSTALLER UN STUDIO DE MUSIQUE ICI, CHEZ MOI !!
ON SERA MIEUX QU'À L'ÉCOLE, NON ?
ET COMME ÇA, PAS BESOIN DE LOUER UN STUDIO EN VILLE !
Alors ? Ça vous tente ?
...
Dis, papa ♪
ELLE N'EST PAS DANS SON ÉTAT NORMAL ...
Oui ...
ELLE EN FAIT TROP, C'EST PAS NATUREL ...
PEUT-ÊTRE QUE ÇA S'EST MAL PASSÉ, DANS SON NOUVEAU LYCÉE ?
ATTENDONS QU'ELLE NOUS EN PARLE DE VIVE VOIX
O.K.

Yeaaaaah
Taaaadaaam
Et maintenant, on chante quoi, les filles ?!
ATTENDS, ATTENDS ! JE RÉFLÉCHIS !
SON CERVEAU CARBURE
J'Y PENSE !
UN TRUC IMPORTANT !
Hé
NE SOIS PAS SI ...
TU AS COUCHÉ AVEC TON MEC ?
TU AS FAIT LE GRAND SAUT ? HEIN, DIS ?
Ha ha
MOI ? JE ME SUIS FAIT LARGUER !
QUOI ?
"LES FEMMES ORIGINAIRES DE FUKUSHIMA RISQUENT D'AVOIR DES PROBLÈMES DE SANTÉ"
"ON NE SAIT ENCORE RIEN DES CONSÉQUENCES À VENIR SUR L'ORGANISME"
"ET JE NE ME VOIS PAS POURSUIVRE UNE RELATION AVEC QUELQU'UN SANS PENSER AU MARIAGE" ...

IL A MÊME REFUSÉ DE ME TENIR LA MAIN
Mais …
C'EST QUOI, CE DÉLIRE ?!
ÇA VEUT DIRE QU'ON EST IRRADIÉS ?!
ET DU COUP, ON N'EST PLUS NORMAUX ?!
Non mais quel connard !
C'EST SURPRENANT, HEIN ?
LUI QUI PRENAIT NOTRE MARIAGE TELLEMENT AU SÉRIEUX …
Je devrais peut-être le remercier …
Bah, c'est pas grave …
QUELLE TRAGÉDIE !
ARRÊTE, C'EST UNE BLAGUE ?
J'y crois pas
"COURAGE JAPON", "TOUS SOLIDAIRES", "NOUS SOMMES AVEC VOUS" …
DERRIÈRE CES SLOGANS RASSURANTS QU'ON VOIT PARTOUT …
IL Y A DES GENS PRÊTS À NOUS TRAITER COMME DES MONSTRES.
C'EST MÊME PAS À CAUSE D'UNE AUTRE NANA ?
MAIS À CAUSE …
DE LA RADIOACTIVITÉ ?!
C'EST …
PARCE QU'ON EST DES FEMMES …

LA TRISTESSE DE MOÉ ...
Y SERONS-NOUS TOUTES CONFRONTÉES UN JOUR ?
LES FEMMES DE FUKUSHIMA ...
SONT-ELLES CONDAMNÉES À SE VOIR AINSI REJETÉES, SANS RAISON ?
VOUS SAVEZ ...
MOI ...
J'AI PEUR DU MATIN, MAINTENANT
DEPUIS LE 11 MARS ...
CHAQUE MATIN ...
J'AI PEUR D'ENTENDRE DES NOUVELLES HORRIBLES
DE VIVRE QUELQUE CHOSE D'ENCORE PLUS EFFROYABLE QUE LA VEILLE

J'AIMERAIS RESTER DANS LES TÉNÈBRES ...
OU PLUTÔT ...
JE PRÉFÉRERAIS NE PLUS VOIR, NI ENTENDRE ... QU'IL N'Y AIT PLUS RIEN
MOÉ ...
HÉ !
PAS DE FOLIE, D'ACCORD ?

VOUS ÊTES MIGNONNES !
Hé hé hé
HA
VOUS CROYEZ VRAIMENT QUE JE SUIS DU GENRE À ME SUICIDER ?
NON MERCI !
Ha ha ha
Bon, changeons de sujet ! Il est temps de chanter ...
MOÉ, NOTRE PROMESSE ...
JE PROPOSE QU'ON LA RENOUVELLE, UNE FOIS ENCORE ...

TOUS LES ANS, RENDEZ-VOUS ...
LE QUATRIÈME SAMEDI D'AVRIL, CHACUNE AVEC SA BARRETTE !
NOTRE "JOURNÉE À NOUS", OFFERTE PAR MOÉ ...
L'ANNÉE PROCHAINE, CELLE D'APRÈS ...
DANS DIX ANS
DANS VINGT ANS !
MÊME DEVENUES MAMIES ...
FUMI ...

...
Bien !
BON, MAINTENANT, JE VAIS CHANTER...
"LE JOUR DES AU REVOIR"
Sérieux ?!
Ah
MAIS ON N'EST PAS À LA FÊTE DE L'ÉCOLE MATERNELLE !
Quelle drôle d'idée !
C'EST UNE TRÈS VIEILLE CHANSON, ELLE DATE DE L'ÉPOQUE SHÔWA, ÇA M'ÉTONNERAIT QU'ON LA TROUVE SUR LE NET...
Ouah ha
Toujooours... Toujooours...
NOUS RESTERONS AMIS...
EN RÊVANT À DEMAIN...
SANS JAMAIS PERDRE ESPOIR...

* : "FURUSATO" ("MON PAYS NATAL") EST UN CLASSIQUE QUI A ÉTÉ REPRIS LORS DES MANIFESTATIONS ANTINUCLÉAIRES POST-FUKUSHIMA.

COURAGE MOÉ ...
ENSEMBLE ...
ON RÉUSSIRA À SURMONTER CETTE PEINE IMPOSSIBLE À PORTER TOUTE SEULE.
ON VA LA PARTAGER, TOUTES LES QUATRE.
MERCI ...
LES FILLES ...
PARDON ?
UN "COLLIER POUR CHASSER LES RADIATIONS" ?
Ce truc ?!

Oui !!
METS-LE À TON COU !
ÇA SERT À FILTRER LA RADIOACTIVITÉ CONTENUE DANS L'AIR
IL EST MÊME CAPABLE DE DÉTRUIRE LES ÉLÉMENTS RADIOACTIFS DÉJÀ PRÉSENTS DANS TON CORPS !
TU PEUX LE PORTER PARTOUT, SAUF DANS TA SALLE DE BAINS
O.K. ?!
TOF
MAIS MOÉ ...
Tiens, prends-le
C'EST UN SPÉCIALISTE QUI EST VENU ME LE VENDRE, À LA MAISON
Il n'est pas passé chez toi ?
IL M'A FAIT UN PRIX ... NORMALEMENT, C'EST 50 000 YENS*
QUOI ?!
50 000 YENS ?!
C'est vrai ?!
ÉCOUTE, MOÉ, TU T'ES FAIT ARNAQUER AVEC CE ...
TU VAS LE METTRE, HEIN, FUMI ? AUTRE CHOSE ...
*350 EUROS.

SI TU SORS AVEC UN TYPE D'UNE AUTRE RÉGION, NE LUI DIS JAMAIS QUE TU VIENS DE FUKUSHIMA
JAMAIS, TU ENTENDS ?
BON, JE VAIS FILER LES AUTRES À MAYU ET AYA
MOÉ ? MAIS ...
Que ...
C'est plus important que nos barrettes !
Moé ! Attends !
...

AH, JE TE JURE !
QU'EST-CE QUI LUI A PRIS, DE SE FAIRE AVOIR AVEC UN GADGET PAREIL ?
ELLE Y CROIT DUR COMME FER ... J'AVOUE QUE JE N'AI RIEN OSÉ LUI DIRE
IL FAUT LA COMPRENDRE
APRÈS TOUT, ON A TOUS BESOIN DE CROIRE EN QUELQUE CHOSE ...
LOCAL DE MUSIQUE - À LOUER
VISIBLEMENT, ELLE N'A PAS ENCORE DIGÉRÉ CETTE SALE HISTOIRE AVEC SON EX ...
ÇA M'INQUIÈTE ...
studio ACE
D'AILLEURS, ELLE EST EN RETARD, NON ?
Elle qui est si ponctuelle, d'habitude ...
ELLE NE RÉPOND PAS ?
NON ...
TUUUU
TUUUU

BOBOM
BOBOM
EUH ...
J'AI UN MAUVAIS PRESSEN-TIMENT ...
STAP
STAP
HAA HAA HAA HAA
MOÉ ...
MOÉ ...

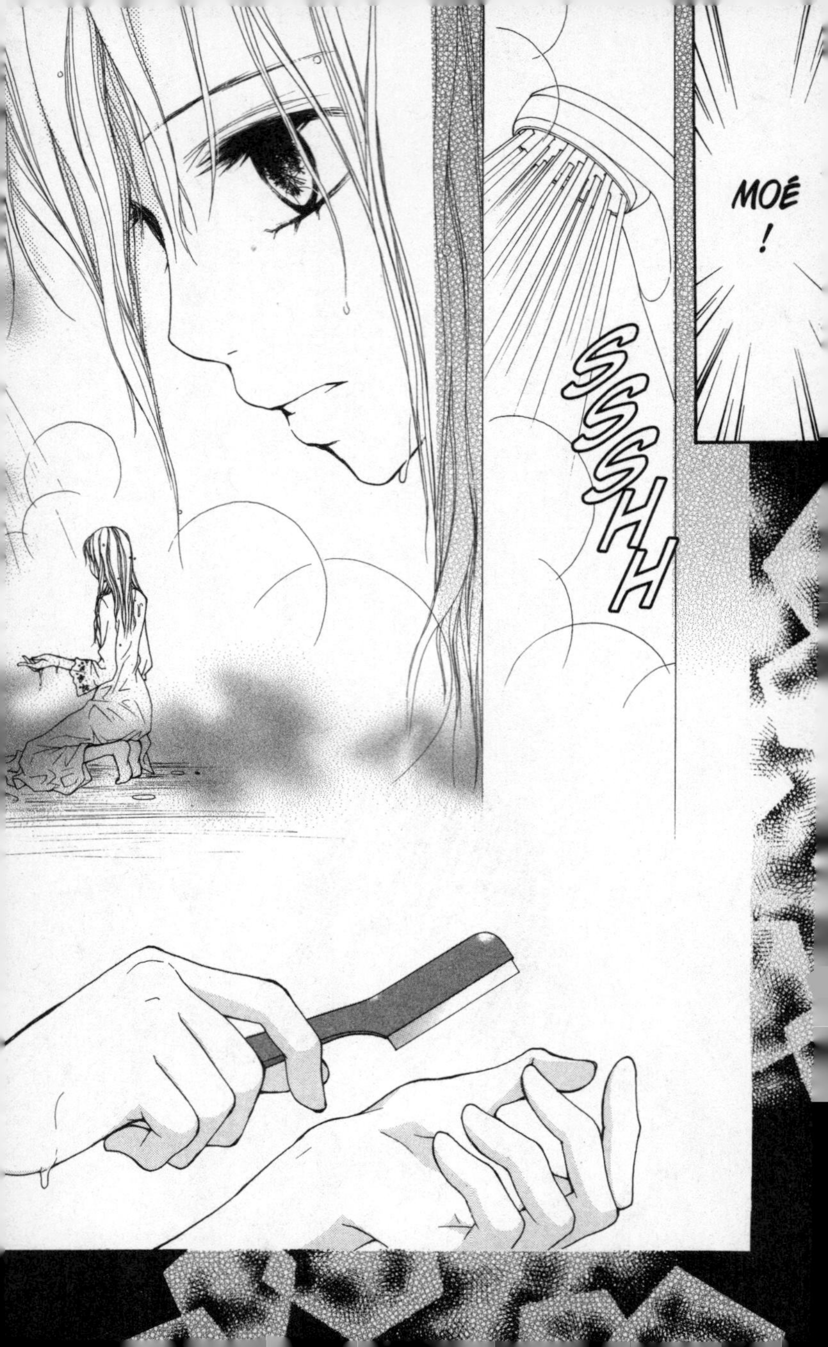
MOÉ
!
SSSHHH

福島駅
Chapitre 3

TOC
TOC
TOC
MOÉ ! MOÉ, TU ES LÀ ?!
OUVRE, S'IL TE PLAÎT !!
TOC
TOC
MOÉ ! OUUUUVRE !
IL Y A QUELQU'UN ?!
MAIS ... QUE SE PASSE-T-IL ?
DÉSOLÉE MAIS IL Y A URGENCE !
MOÉÉÉ !

D'APRÈS SON GPS DE PORTABLE, ELLE DEVRAIT ÊTRE LÀ !
À MOINS QU'ELLE SOIT PARTIE SANS SON TÉLÉPHONE…
DANS LE DOUTE, ON PASSE LA MAISON AU PEIGNE FIN !
MOÉÉÉ !
MOÉ, RÉPONDS !

MOÉ !
BOBOM
BOBOM
"J'AI PEUR DU MATIN, MAINTENANT"
"J'AI PEUR DE VIVRE QUELQUE CHOSE D'ENCORE PLUS EFFROYABLE QUE LA VEILLE"
"J'AIMERAIS RESTER DANS LES TÉNÈBRES ..."
"IL EST MÊME CAPABLE DE DÉTRUIRE LES ÉLÉMENTS RADIOACTIFS DÉJÀ PRÉSENTS DANS TON CORPS !"
MOÉ ! OÙ ES-TU ?!
CETTE MAISON EST TROP GRANDE !
ELLE N'EST PAS DANS SA CHAMBRE ...
OH NON ! MADAME !
LA PETITE ... ELLE EST DANS LA SALLE DE BAINS ...
!!
Aah ...
STAM
...

MOÉ
!
SSSSHHHH

ELLE EST HORS DE DANGER
ELLE VIENT JUSTE DE REPRENDRE CONSCIENCE
HEUREUSEMENT QUE VOUS L'AVEZ TROUVÉE À TEMPS !
Ouf
...
ENTREZ
Euh ...
MADAME ? ON PEUT LA VOIR ?!
MÊME JUSTE UNE MINUTE ...
Pour lui parler ...
MAYU, AYAKA ...
FUMI ...
JE NE SAIS COMMENT VOUS REMERCIER MAIS ...
PAS AUJOURD'HUI ... S'IL VOUS PLAÎT

412
MOÉ TAKENAKA
CLAP
Nom de ...
TOUT ÇA À CAUSE DE SON EX !!
Quel salaud !!
IL S'APPELLE COMMENT, DÉJÀ ? C'EST LE FILS DU PRÉSENTATEUR YOSHIMASU FUJITA, C'EST ÇA ?
PLAM
CE MINABLE L'A JETÉE COMME DU LINGE SALE, SOUS PRÉTEXTE ...
QU'IL NE VOULAIT PAS D'UNE NANA DE FUKUSHIMA !
...
JE SAIS !
ON VA ALLER À TOKYO ET LE RAMENER ICI, CET ENFOIRÉ ...
POUR QU'IL LUI DEMANDE PARDON À GENOUX !!
OU POUR LE TABASSER !!
MAYU ... Réfléchis, une minute
CE GARÇON ... MOÉ N'A SANS DOUTE AUCUNE ENVIE DE LE REVOIR !
ON NE VA PAS LUI IMPOSER ÇA !

TU VEUX DIRE QU'ON N'A PLUS QU'À OUBLIER ET SERRER LES DENTS ?!
C'est du délire !
ET NOTRE DIGNITÉ, ALORS ?! IL FAUT BIEN QU'ON SE DÉFENDE, NOUS, LES FEMMES DE FUKUSHIMA !!
MAIS AVEC QUELLES ARMES ?
NON ...
Mais ...
...
VOUS L'AVEZ VUE, POURTANT !
CETTE LAME DE RASOIR ...
MOÉ S'EST CHARCUTÉE AVEC LA PARTIE LA PLUS TRANCHANTE !
C'ÉTAIT PAS UN COUP POUR RIEN ! C'ÉTAIT POUR EN FINIR !!
PAM
PAM
Moé, je peux pas le croire ...
MAYU ... ATTENDONS AVANT DE FAIRE QUOI QUE CE SOIT
LA JOURNÉE A ÉTÉ LONGUE ... RENTRONS
COMMENT TU FAIS ?!
COMMENT TU PEUX RESTER AUSSI IMPASSIBLE DANS UNE SITUATION PAREILLE ?!
TU PENSES À MOÉ ?!
Hein ?!
COMPTE PAS SUR MOI POUR BAISSER LES BRAS !!

PRESS - ABUKUMA
BLINC
BLINC
GARE D'OROSHIMACHI
Fait chier !
Raaaaah !
BVING
BVING
FRR
FRR
QU'ELLE N'ALLAIT PAS BIEN ...
MAIS ON N'A PAS PU L'EMPÊCHER DE COMMETTRE CETTE FOLIE ...
ON LE SAVAIT POURTANT ...

MOÉ ... PARDON ...
COMMENT EST-CE POSSIBLE ?
412
MOÉ TAKENAKA
412
MOÉ TAKENAKA
JE SUIS DÉSOLÉE MAIS ...
AUJOURD'HUI NON PLUS ...
ELLE DIT QU'ELLE NE VEUT VOIR PERSONNE
ELLE NE FAIT QUE RÉPÉTER ...
"AVEC FUJITA, C'EST FINI" ...
ET SI C'ÉTAIT ...
À CAUSE DES RADIATIONS ...
QU'ELLE SE COMPORTE BIZARREMENT ?
...
ON N'AURAIT JAMAIS DÛ LA LAISSER PARTIR TOUTE SEULE À TOKYO ...

EST-CE À CAUSE DE NOTRE MANQUE D'ATTENTION ? DU COMPORTEMENT DE SES PARENTS ? DE CELUI DE SON PETIT AMI ?
ELLE QUI A VOULU MOURIR, VA-T-ELLE ÊTRE MONTRÉE DU DOIGT ? INCOMPRISE ?
OU BIEN ...
TUT TUT
KUBO !
TAMAKI CONSTRUCTION
TAMAKI !
Toujours à nettoyer la ville ?
Y A UN PROBLÈME ?
Tu sors de l'hôpital ?
T'AS UN PÉPIN DE SANTÉ ?!
COMME T'ES PAS VENUE EN COURS, HIER ...

NON ... CE N'EST PAS POUR MOI ...
PARDON ?
Ah bon ...
BEN, TANT MIEUX !
ENFIN ...
Euh
C'EST PAS CE QUE JE VOULAIS DIRE !
HUM ...
Euh ...
AU FAIT, TU AS REGARDÉ TES MAILS SUR TON ORDI ?
SUR MON ORDI ? NON ...
Je l'utilise peu ...
C'EST POUR LES HORAIRES DES COURS D'ÉTÉ
LE PROF M'A DIT QU'IL TE LES AVAIT ENVOYÉS
O.K., JE VAIS REGARDER
ENFIN, JE LUI AI DIT QUE ...
JE POURRAIS TE LES FILER DIRECTEMENT ...
Gni hi
GNN ...
ELLE EN FAIT, UNE TÊTE !
C'est vexant !
Bon ben, à plus !
HEP !
HOP
Ah

HISTOIRE D'ÉVITER LES COUPS DE BARRE !
ONIGIRI PRUNE SALEE
...
VROOO
MERCI !
TIC TIC
OUH-LÀ ! J'AI UNE TONNE DE MAILS ...
HEIN ?
MOÉ
MOÉ M'A ÉCRIT ?

SON MESSAGE ... IL DATE DE LA VEILLE DE SA TENTATIVE DE SUICIDE.
IL Y A UNE PIÈCE JOINTE ... C'EST UNE VIDÉO !
TIC TIC
CRRR TAM TOF
...!
OH NON ...
C'EST PAS VRAI !

AYA ...
ÉCOUTE, J'AI UN SERVICE À TE DEMANDER ...
OH, FUMI !
ÇA MARCHE !!
O.K.
JE VAIS FAIRE DES RECHERCHES
DIMANCHE PROCHAIN, RENDEZ-VOUS À 8 H AU PARC DE SHINHAMA.
PARC DE SHINHAMA
DÉSOLÉE POUR L'ATTENTE !!

ENFIN, TU TE BOUGES ! C'EST PAS TROP TÔT !
Saluuut !
SACRÉE FUMI… TU ES VRAIMENT LENTE À TE METTRE EN ROUTE !
C'EST QUI ?
RASSUREZ-VOUS, C'EST PAS MON MEC
C'est juste un de mes sbires !
IL PEUT TOUJOURS SERVIR…
PONG
Hé
Pigé ?!
TU NOUS RAMÈNES LA VOITURE DE TON POTE ?
Genre tout de suite
YES !
MOI, C'EST GINJI
J'AI PAS LE PERMIS MAIS JE SUIS UN PRO DE LA CONDUITE !
OUH-LÀ ÇA PROMET…

JE ME SUIS DÉJÀ OCCUPÉE DE LA VOITURE
Ah bon ?
CLAC
AVEC TAMAKI ... LE VOILÀ
Vous êtes bien ensemble, finalement !
Oh une caisse toute neuve !
Mais ... JE COMPRENDS PAS ...
QUAND TU M'AS DIT QUE TU VOULAIS ALLER À TOKYO, J'AI CRU QUE ...
PARDON, TAMAKI ... JE VAIS TOUT VOUS EXPLIQUER
?
Euh ... coucou ?
Il s'est fait beau
MAIS D'ABORD ...
J'AI QUELQUE CHOSE À VOUS MONTRER

CRRR TAM TOF
?
PARDON ? TU PEUX RÉPÉTER ?
COMME JE TE L'AI DIT, J'AURAIS AIMÉ QU'ON RESTE ENSEMBLE MAIS C'EST PLUS POSSIBLE, MAINTENANT
TU AS ÉTÉ TOUCHÉE, MOÉ ... C'EST DOMMAGE POUR NOUS ...
MAIS C'EST COMME ÇA
EN PLUS, MON PÈRE EST CONTRE
TON PÈRE ...
YOSHIMASA FUJITA ?
OUI, IL DIT QUE C'EST HYPER DANGEREUX
EN TANT QU'AÎNÉ, C'EST MOI QUI VAIS REPRENDRE LES AFFAIRES, PLUS TARD ... JE PEUX DONC PRENDRE AUCUN RISQUE

TU VEUX DIRE QUE, TON PÈRE ET TOI ...
VOUS CONSIDÉREZ LES GENS DE FUKUSHIMA COMME ... DES PESTIFÉRÉS
ET QU'IL NE FAUT SURTOUT PAS ÉPOUSER LES FEMMES DE LÀ-BAS ?
ON N'Y PEUT RIEN, MOÉ
À MON AVIS, TOUT LE MONDE PENSE COMME ÇA, SIMPLEMENT LES GENS N'OSENT PAS LE DIRE OUVERTEMENT
JE VOIS ...
TAF
BON BEN ... PORTE-TOI BIEN
ET NE M'EN VEUX PAS ... LE RESPONSABLE, C'EST LE TREMBLEMENT DE TERRE, PAS MOI
ALLEZ, BYE !
ATSUSHI ...

ME REGARDE PAS COMME ÇA !
JE T'AI ACCORDÉ PLUSIEURS MINUTES, AUJOURD'HUI ...
AU RISQUE D'ÊTRE CONTAMINÉ !
ÇA, C'EST PAS UNE PREUVE DE FIDÉLITÉ, PEUT-ÊTRE ?

C'EST ... IGNOBLE
OUAIS ... C'EST IMPARDONNABLE
Mais ...
C'EST MOÉ QUI L'A FILMÉ ?
JE CROIS QU'ELLE A TENTÉ DE SE SUICIDER ...
JUSTE APRÈS ME L'AVOIR ENVOYÉE
LA RADIOACTIVITÉ SERAIT CONTAGIEUSE ? QUELLE BÊTISE !
Et elle a dû écouter ça ...
CERTAINES PERSONNES CROIENT À CE GENRE D'INEPTIES
JE SUIS ENCORE PLUS SIDÉRÉE QU'EN COLÈRE ...
En plus
YOSHIMASA FUJITA, C'EST LE VIEUX ...
QUI ARRÊTE PAS DE RACONTER À LA TÉLÉ QUE FUKUSHIMA EST HYPER SÛRE ET QU'Y A AUCUN PROBLÈME !!
Un moustachu
C'EST UN ARDENT DÉFENSEUR DU NUCLÉAIRE

*ARRONDISSEMENT TRÈS CHIC DE TOKYO.

MAIS COMMENT TU AS FAIT POUR LE DÉMASQUER ALORS QU'IL UTILISE UN FAUX NOM ?
J'AI UN POTE QUI GÈRE EN HACKING
Eh ouais !
...
LA FILLE QU'IL VAUT MIEUX AVOIR DANS SA POCHE.
Je vois ...
FUMI ... PAS LA PEINE D'EN DIRE PLUS
CRAAC
JE VAIS LUI ÉCLATER LA TRONCHE ...
MAYU !
PAM
ÇA VA ?! RESPIRE !!
T'es livide !
ET TOI, ÉVITE DE TROP T'EXCITER OU TU VAS FAIRE UNE CONNERIE !
POF
SI ÇA NE VOUS GÊNE PAS, J'AIMERAIS L'APPROCHER LA PREMIÈRE
EN FAIT, J'AI UN PLAN
SHAC

DANS QUATRE HEURES ...
ON EST À TOKYO
MERCI, PILOTE
PENDANT LES 350 KILOMÈTRES QUI SÉPARENT FUKUSHIMA DE LA CAPITALE, ON A ROULÉ SANS S'ARRÊTER ...
ET SANS ÉCHANGER UN SEUL MOT.
SHIMOKITAZAW

Roya
Bonjour ! Bienvenue !
TAP
TU NE M'AS PAS ATTENDUE TROP LONGTEMPS ?
Ah "FÛMIN" ?
OUI ♪
COMMENT TU AS DEVINÉ QUE C'ÉTAIT MOI ?
On ne s'est jamais vus, pourtant
C'EST TON AURA ! TU AS TELLEMENT LA CLASSE !
JE T'ACCORDE ENCORE VINGT SECONDES D'INSOUCIANCE...

SOURIRE
TU VEUX BOIRE QUOI ?
Tu as faim ?
TU DOIS AVOIR CHAUD, AVEC TES MANCHES LONGUES ... Hé hé
OUI ...
MAIS MÊME PAR GROSSE CHALEUR, LES GENS COMME MOI N'ONT PAS DROIT AUX MANCHES COURTES
HEIN ?
AH ... D'AILLEURS, LA FUITE S'ÉTEND ET TOUCHE AUSSI TOKYO, PARAÎT-IL ...
DE QUOI TU PARLES ?
DE LA RADIOACTIVITÉ QUI TE FICHE TELLEMENT LA TROUILLE !!
STAM
Saluut
SURPRISE !
?!
Que ...
Mais ...
QUI ... QUI ÊTES-VOUS ?

IL NOUS DEMANDE QUI ON EST ...
DISONS QU'ON REPRÉSENTE LES HABITANTS DE FUKUSHIMA
DE ...
FUKUSHIMA ?!
SHAF
Non
ARRÊTEZ !
J'APPELLE LA POLICE !
Vous vous croyez où ?!
RELAX, MEC ...
LA RADIOACTIVITÉ, C'EST PAS CONTAGIEUX !
Excusez-moi !
ON VA PRENDRE VOTRE MEILLEURE PIÈCE DE BŒUF, POUR CINQ, ET TOUS LES DESSERTS DE LA CARTE
Ha
VAS-Y, SI ÇA TE CHANTE
MAIS AVANT, TU DEVRAIS REGARDER CETTE VIDÉO ...
SST
ATSUSHI FUJITA
TON PÈRE ... YOSHIMASA FUJITA ?
OUI, IL DIT QUE C'EST HYPER DANGEREUX
EN TANT QU'AÎNÉ, C'EST MOI QUI VAIS REPRENDRE LES AFFAIRES, PLUS TARD ... JE PEUX DONC PRENDRE AUCUN RISQUE

ATSUSHI ...
ME REGARDE PAS COMME ÇA !
C'EST ...
C'EST ELLE QUI ...
OUI, C'EST MOÉ QUI T'A FILMÉ ...
À ton insu
TU COMPRENDS CE QUE ÇA IMPLIQUE, POUR TOI ?
SI CETTE VIDÉO ÉTAIT RENDUE PUBLIQUE, MON PÈRE SERAIT ...
NON
Vous ...
VOUS VOULEZ DE L'ARGENT ?!
COMBIEN ?!
ON N'A PAS ENCORE DÉCIDÉ QUAND ON LA METTRA EN LIGNE
ÇA PEUT ÊTRE DEMAIN, LE MOIS PROCHAIN, DANS UN AN ... SUIVANT NOTRE HUMEUR

EFFACEZ-LA, S'IL VOUS PLAÎT ...
MÊME "EFFACÉE", COMME TU DIS, ELLE RESTERA SAUVEGARDÉE DANS LE VASTE MONDE D'INTERNET
TOP
C'EST ... UN CAUCHEMAR ...
FUJITA ...
PEUT-ÊTRE QUE, COMME TU LE CROIS ...
ON A ÉTÉ IRRADIÉS
EN VÉRITÉ, ON A PEUR ...
CAR ON IGNORE COMMENT NOTRE CORPS VA RÉAGIR
ON A VRAIMENT, VRAIMENT PEUR

ALORS TU VAS PARTAGER AVEC NOUS ...
UN PEU DE CETTE ANGOISSE QUOTIDIENNE ...
PAM
BON ...
ATTENDEZ !
JE VOUS EN PRIE ...
LAISSEZ-MOI UN MOMENT ...
VOUS ME PRENEZ PAR SURPRISE, LÀ !
TROP D'UN COUP
C'est trop ...
TU TROUVES ?

ET LE SÉISME ? ET LA RADIOACTIVITÉ ? TU CROIS QU'ON Y ÉTAIT PRÉPARÉS, NOUS ?
ON N'A PAS EU LE TEMPS DE S'Y FAIRE !
MALGRÉ TOUT, ON ESSAIE DE VIVRE AVEC
À TON TOUR, MAINTENANT

Dis ...
ON AURAIT DÛ LUI FILER UNE TREMPE, NON ?
SILENCE
EUH ...
FUMI, ON LA POSTE QUAND, LA VIDÉO ?
À MOINS QU'ON LA PROPOSE DIRECT AUX MÉDIAS !!
AYA, MON PC, S'IL TE PLAÎT
OH ! TU T'EN OCCUPES MAINTENANT ?
DOCUMENT SUPPRIMÉ

MAIS ! ENFIIIN !
POURQUOI TU L'AS EFFACÉE ?!
LA FROUSSE DE TOUT À L'HEURE LUI A AMPLEMENT SUFFI
Quoi ?!
QU'EST-CE QUI TE PREND ?!
Aya, retrouve la vidéo, vite !
AVEC ÇA, ON PEUT LE MASSACRER, CE TYPE !
ET SURTOUT ...
LA RENDRE PUBLIQUE ...
ÇA DONNERAIT UNE BONNE LEÇON À TOUS CEUX QUI DISENT DES TRUCS HORRIBLES SUR NOUS !
N'est-ce pas ?
SI MOÉ A ENREGISTRÉ CETTE SCÈNE, CE N'EST PAS SANS RAISON, NON ?
ELLE VOULAIT SE VENGER DE CE MEC MAIS AUSSI PROTÉGER LES FEMMES DE FUKUSHIMA !
C'EST POUR ÇA QU'ELLE TE L'A ENVOYÉE !
ALORS POURQUOI SE DÉGONFLER MAINTENANT ?! IL FAUT QU'ON AILLE JUSQU'AU BOUT !!

MAYU
RÉFLÉCHIS VOYONS ...
PEUT-ÊTRE QU'EFFECTIVEMENT, ÇA PROTÉGERAIT LES FEMMES DE FUKUSHIMA ...
ÇA AIDERAIT TOUTES CELLES QUI SE TAISENT ...
MAIS ÇA N'EFFACERA PAS LEURS DOUTES NI LEURS PEURS
ET PUIS ...
CES FEMMES SERAIENT FORCÉES D'ÉCOUTER DES PROPOS QU'ELLES ESSAYENT PEUT-ÊTRE DE FUIR ... DES MOTS QU'ELLES N'ONT PAS BESOIN D'ENTENDRE
...
...
À MON AVIS, MOÉ NON PLUS NE SAVAIT PAS QUOI FAIRE DE CETTE VIDÉO
ELLE NE VOULAIT PAS LA POSTER ...
NI LA DÉTRUIRE.
MOÉ EST UNE FILLE QUI N'A PAS PEUR D'AGIR
SI ELLE AVAIT VOULU LA METTRE EN LIGNE, ELLE L'AURAIT DÉJÀ FAIT SANS PASSER PAR MOI
MAIS FUMI ... TU DISAIS QUE CE SALAUD NE MÉRITAIT PAS D'ÊTRE PARDONNÉ ...
AYA, ENVOIE UN MAIL À FUJITA ... DIS-LUI QU'ON A EFFACÉ LA VIDÉO
MAIS POURQUOI ?!
BLANG

GRIP
T'ES TROP GENTILLE, VRAIMENT ! À MOINS QUE TU AIES LES JETONS ?!
ARRÊTE, MAYU !
KUBO ... TU N'AS JAMAIS EU L'INTENTION DE LA METTRE EN LIGNE, PAS VRAI ?
...
ET POURTANT ...
Mais bon ...
FAIRE VOLON-TAIREMENT DU MAL ...
À QUELQU'UN, OU CHANGER LE COURS DE SA VIE ...
ÇA NE SE FAIT PAS
JE ME SENS TELLEMENT IMPUISSANTE ...
MAIS NOUS AUTRES ...
MAYU, CE N'EST PAS PARCE QU'ON EST DES VICTIMES QU'ON PEUT TOUT SE PERMETTRE

ON EST COINCÉS
JOUR APRÈS JOUR, ON LUTTE CONTRE L'ANGOISSE, LA PEUR, LA COLÈRE …
POURQUOI DEVRAIT-ON …
GÂCHER UNE AUTRE VIE, EN PLUS DES NÔTRES ?
ALORS QU'ON SAIT PARFAITEMENT CE QUE SOUFFRIR VEUT DIRE ?
FUMI, C'EST TROP DUR, TOUT ÇA …
STOP …
PAS QUESTION DE DEVENIR À NOTRE TOUR UN DANGER
MAIS … MAIS …

ALLEZ, ON RENTRE
Mayu,
Aya,
Fumi...
Je vous demande pardon.

Vous, mes amies, qui m'avez toujours soutenue.
Je me souviens encore de cette chanson, interprétée ensemble...
Malgré ça, je n'ai pas le courage de vivre à Fukushima.
Mes parents et moi déménageons à Hokkaido*.
*ÎLE AU NORD DU JAPON.
Nous ne reviendrons peut-être jamais.
Encore pardon, et merci.
et merci.
Moé
SA LETTRE NE CONTENAIT QUE CES QUELQUES LIGNES.
MOÉ, EST-CE QU'ON A BIEN AGI ?
OU PAS ?
ON AURAIT PEUT-ÊTRE DÛ S'Y PRENDRE AUTREMENT ?

C'ÉTAIT DÉJÀ MIRACULEUX DE SE RETROUVER, TOUTES EN VIE, SANS PERSONNE MANQUANT À L'APPEL.
UNE EXPÉRIENCE IMPOSSIBLE À OUBLIER ...
PRENDS SOIN DE TOI, MOÉ.
ET PEU IMPORTE LA DISTANCE QUI NOUS SÉPARE.
L'ESSENTIEL, C'EST QUE TU SOIS ENCORE DE CE MONDE.
C'EST TOUT CE QUI COMPTE À NOS YEUX, À PRÉSENT.

CONSÉCRATION
PROSPÉRITÉ
FAMILLE ET PAIX
FUKUSHIMA · FÊTE WARAJI
WARAJI
WARAJI
WARAJI
Chapitre 4

OUAAAH ! TU VAS VRAIMENT ENGLOUTIR TOUT ÇA, MAYU ?
LA MONTAGNE DE SUCRES LENTS !
ON CROIRAIT QUE TU SORS D'UN ENTRAÎNEMENT DE BASE-BALL !
MANGEONS, LES FILLES !
LES BÉNÉFICES DES VENTES DE LA FÊTE CONTRIBUENT À LA RECONSTRUCTION, NON ?!
QUEL MONDE ! ON EST BIEN PLUS NOMBREUX QUE L'ANNÉE DERNIÈRE ...

福島わらじまつり
LE 6 AOÛT 2011 S'EST DÉROULÉE LA FÊTE DE WARAJI*
JE PENSAIS PAS QUE LA FÊTE AURAIT LIEU, CETTE ANNÉE
OUI, C'EST SUPER QU'ON LA FASSE QUAND MÊME !
C'EST VRAI ! JE SUIS TROP CONTENTE
*CÉLÈBRE FÊTE DE LA VILLE DE FUKUSHIMA.
La danse va bientôt commencer
VOUS CROYEZ QUE LES JOURNAUX DE HOKKAIDO VONT EN PARLER ?
IL Y A PLUSIEURS ÉQUIPES TÉLÉ
J'AIMERAIS BIEN QUE MOÉ PUISSE LA VOIR ...
IL Y A DÉJÀ QUELQUES MOIS, MOÉ AVAIT PROPOSÉ QU'ON PORTE DES YUKATA** CETTE ANNÉE.
PENDANT LES SOLDES, ON ÉTAIT ALLÉES LES CHOISIR ENSEMBLE.
**KIMONO D'ÉTÉ.
Jolis, ces accessoires
Fumi, celui-là te va mieux ♡
Ah bon ?
C'est pas pratique pour marcher
Ça fait mal aux pieds, non ?
Ça serre pas trop, quand on a mangé ?
Je prends celui-ci !

LE YUKATA DE MOË AVAIT UN MOTIF DE CE GENRE ...
...
TIENS ?
CETTE FEMME ... C'EST NACCHAN ?!
Regardez !
NON, SANS BLAGUE ?!
AH !!
J'avais raison !
NAAAAN, IMPOSSIBLE !!
Je vais m'en griller une
ELLE EST MÉCONNAIS-SABLE !
NACCHAN VERSION PROF

* *NON-PROFIT ORGANISATION* : ORGANISATION À BUT NON LUCRATIF.

POUR NATSUKO, PAS QUESTION DE QUITTER SON TRAVAIL ICI
JE VOULAIS LA SOUTENIR, ÊTRE À SES CÔTÉS ...
S'INSTALLER À FUKUSHIMA AUJOURD'HUI ...
C'ÉTAIT LOGIQUE QUE JE LA REJOIGNE
Alors me voilà !
UN HOMME D'UNE AUTRE RÉGION PRÊT À ÉPOUSER UNE FEMME D'ICI ...
ET VOUS TRAVAILLEZ À LA RECONS-TRUCTION ?
Mais ...
QUAND CE SERA FINI, VOUS N'AUREZ PEUT-ÊTRE PLUS DE BOULOT ! VOUS FEREZ COMMENT, ALORS ?
QUELLE IMPORTANCE ? LE JOUR OÙ LA VILLE SERA ENFIN ...
DE NOUVEAU SUR PIED ...
SERA FORCÉMENT UN JOUR HEUREUX

À bientôt !
EH BEN ...
OUI ...
TROP PUISSANT ...

NOUS QUI N'ARRÊTONS PAS D'ENTENDRE ...
DES CHOSES DU GENRE "LES RADIATIONS SONT CONTAGIEUSES" ...
OU QUE LA CATASTROPHE EST UN "CHÂTIMENT DIVIN" ...
IL EXISTE DONC DES GENS, AILLEURS, QUI NE NOUS REGARDENT PAS DE TRAVERS ...
ET QUI SONT PRÊTS À NOUS AIDER ...
ON DIRAIT BIEN ...
IL ARRIVE ENCORE DES CHOSES POSITIVES, EN CE MONDE !

Moé, la prochaine fois, trouve-toi un mec bien !
Oh, t'es bourrée ?!
MOÉ ... COMMENT VAS-TU, EN CET INSTANT ?
LA FÊTE DE WARAJI A BEAU ÊTRE L'ÉVÊNEMENT DE L'ÉTÉ ...
ELLE N'A DURÉ QU'UNE JOURNÉE, CETTE ANNÉE, MAIS PEU IMPORTE ... L'ESSENTIEL EST QU'ELLE AIT PU AVOIR LIEU.
CES DERNIERS TEMPS, EN VILLE, LES GENS PORTENT MOINS DE MASQUES SUR LE VISAGE ... À PART LES ENFANTS.
J'ai été à la piscine !
Et j'ai donné à manger aux chevaux !
DES INITIATIVES VOIENT LE JOUR, POUR PERMETTRE AUX PETITS DE SORTIR TEMPORAIREMENT DU DÉPARTEMENT.
AINSI, MON PETIT FRÈRE EST ALLÉ À HOKKAIDO, OÙ IL A PU PROFITER DE LA NATURE.
ENFIN, AU LYCÉE ...
LES TRAVAUX ONT DÉBUTÉ POUR ENLEVER LA COUCHE DE TERRE POLLUÉE QUI COUVRE LE SOL.
DROOO
CROOSH
ROOSH
ROOSH
LES ACTIVITÉS SPORTIVES NE SERONT BIENTÔT PLUS LIMITÉES DANS LE TEMPS ...

L'ÉCOLE EST AUSSI NETTOYÉE AU JET HAUTE PRESSION.
OH !
LE FIANCÉ DE NACCHAN !
NACCHAN !
Oh, Fumi !
TU VAS VOIR, LE LYCÉE VA ÊTRE COMME NEUF, AVANT LE DÉBUT DU SECOND SEMESTRE !
TU VIENDRAS EN COURS, PROMIS ?
PROMIS !

CINQ MOIS APRÈS LA CATASTROPHE, 46 000 PERSONNES AVAIENT DÉJÀ QUITTÉ LE DÉPARTEMENT.
J'AIMERAIS QUE LES GENS QUI ONT FUI PUISSENT REVENIR UN JOUR, LE CŒUR SEREIN.
QUE LA VILLE DONNE ENVIE DE RENTRER ...
QUE LES GENS D'AILLEURS VIENNENT VISITER LA RÉGION.
KS KS KS KS
3-1
DRIING DRIING
FINALEMENT, ILS L'ONT MISE LÀ ...

IL PARAÎT QU'IL N'Y A PAS D'AUTRE SOLUTION QUE DE L'ENTERRER SOUS LE TERRAIN DE L'ÉCOLE
MAIS C'EST PAS DANGEREUX ?
TOUT À L'HEURE, LE DOSIMÈTRE INDIQUAIT UN TAUX ÉLEVÉ, LÀ-BAS ...
PASSAGE INTERDIT
PASSAGE INTERDIT
NE PAS APPROCHER
OÙ STOCKER LA TERRE QUI A ÉTÉ GRATTÉE ? FINALEMENT, ELLE EST RESTÉE POSÉE LÀ, DANS UN COIN DU LYCÉE.
JE N'APPELLE PAS ÇA DU "NETTOYAGE", C'EST JUSTE UN BÊTE "DÉPLACEMENT"
ILS ONT FAIT LE MAXIMUM ...
JE SAIS ...
CETTE SITUATION ... ON N'EN SORTIRA DONC JAMAIS ?

VŒUX POUR L'UNIVERSITÉ
ANNÉE
CLASSE
PREMIER VŒU
DEUXIÈME VŒU
TROISIÈME VŒU
AU FAIT, TU AS DÉPOSÉ TON DOSSIER ?
AH ...
NON, PAS ENCORE ...
TU NE VAS PAS CHANGER DE FAC ?
TU VISES TOUJOURS TOKYO ?
L'UNIVERSITÉ T ... C'ÉTAIT TON RÊVE, DEPUIS LE COLLÈGE
C'est pour ça que tu t'étais inscrite dans ce lycée, non ?
...
OUI ...
ET TOI ?
HMM
MOI, JE N'AI PLUS TROP LE CHOIX
COMMENT ÇA ?
MES PARENTS VONT SANS DOUTE SE SÉPARER ... UN DIVORCE DE PLUS ...
À METTRE SUR LE DOS DE LA CATASTROPHE ...
Ha ha ha

AH BON ?
NOTRE AUBERGE EST AU BORD DE LA FAILLITE
MES PARENTS PASSENT LEUR TEMPS À SE DISPUTER POUR SAVOIR S'ILS DOIVENT FERMER OU PAS ...
S'ILS DOIVENT PORTER PLAINTE CONTRE L'ÉTAT OU TEPCO
BREF, ON N'EST PAS SORTIS DE LA NASSE ...
EN FACE, ON LEUR DIT : SI VOUS N'AVEZ PLUS DE CLIENT, CE N'EST PAS SEULEMENT DE NOTRE FAUTE, HEIN ?
"DÉJÀ, AVANT, LES GENS NE SE BOUSCULAIENT PAS AU PORTILLON, VOTRE ÉTABLISSEMENT N'ATTIRAIT PLUS LES FOULES !"
ILS SE MOQUENT DE NOUS ...
L'AUBERGE VOISINE A DÉJÀ FERMÉ
CE MATIN, SUR LA PORTE D'ENTRÉE, J'AI VU LA FEUILLE DE MISE EN FAILLITE VOLONTAIRE
MA MÈRE L'A VUE, ELLE AUSSI
ELLE M'A TOUT DE SUITE DIT QU'ON DEVAIT FAIRE PAREIL, ET QU'ELLE ALLAIT CHERCHER UN AUTRE TRAVAIL HORS DU DÉPARTEMENT
MAIS POUR MON PÈRE, CE N'EST PAS SI SIMPLE
L'IDÉE D'ABANDONNER L'AUBERGE FAMILIALE LUI EST INSUPPORTABLE ...

Donc ...
EN GROS, MON AVENIR DÉPEND DE QUI JE VAIS SUIVRE, MA MÈRE OU MON PÈRE
JE VOIS ...
MAIS MA FAMILLE N'EST PAS LA SEULE DANS CE CAS ...
LES CULTIVATEURS DE PÊCHES, PAR EXEMPLE
ILS ONT DÛ VENDRE LEURS RÉCOLTES À MOITIÉ PRIX, PAR RAPPORT À L'AN DERNIER
EH OUI ...
J'en ai mangé tout l'été !
J'EN AI AVALÉ DES TONNES ! QUEL RÉGAL ET EN MÊME TEMPS, QUELLE TRISTESSE POUR LES PAYSANS ...
N'EMPÊCHE, ELLES ÉTAIENT DÉLI-CIEUSES !!
ON DEVRAIT PLUTÔT S'INQUIÉTER DE GROSSIR QUE D'ÊTRE IRRADIÉES !
Ha ha ha
...
...
Haa
CHEZ NOUS, L'IRONIE EST DEVENUE UNE SECONDE NATURE ...
Haa

BON, JE RETOURNE EN COURS
ET MAYU ?
JE NE L'AI PAS VUE, AUJOURD'HUI
C'est mauvais signe ...
LA RÉCOLTE DU RIZ APPROCHE ...
AH OUI ...
C'est vrai
J'ESPÈRE QUE SON RIZ VA PASSER LES TESTS DE RADIOACTIVITÉ
MOI AUSSI
VŒUX POUR L'UNI
ANNÉE
CLASSE
PREMIER VŒU
DEUXIÈME VŒ
TROISIÈME V
MON PREMIER CHOIX ...
J'ESPÈRE TOUJOURS INTÉGRER L'UNIVERSITÉ T DE TOKYO.
MÊME SI CES DERNIERS TEMPS, JE ME DEMANDE SI JE NE FERAIS PAS MIEUX DE RESTER À FUKUSHIMA ...
...
SAT
Salut ...

MAIS ...
MAYU ?!
QU'EST-CE QUI T'EST ARRIVÉ ?!
SAT
LIS ÇA !
Cette année, nous ne pass
pas commande auprès de vous.
Avez-vous pensé à la santé des consommateurs ?
Vendre du riz de Fukushima aujourd'hui, ça s'appelle un meurtre !

C'EST ...
C'EST UN FAX D'UN DE NOS CLIENTS QUI S'EST TOUJOURS FOURNI CHEZ NOUS
Ils ont pris le temps d'écrire ce torchon !
NOTRE RIZ A PASSÉ LE CONTRÔLE PRÉPARATOIRE HAUT LA MAIN, L'AUTRE JOUR ... AUCUNE TRACE DE SALETÉ, PAS DE CÉSIUM, RIEN !
PAM
DU COUP, ON A ENVOYÉ L'ANNONCE HABITUELLE POUR DIRE QUE LE RIZ NOUVEAU ÉTAIT ARRIVÉ ... ET VOILÀ LA RÉPONSE
BIEN SÛR, JE LES COMPRENDS
COMMENT EN VOULOIR AUX GENS D'AVOIR PEUR DE MANGER NOTRE RIZ ?
MAIS ...
C'est n'importe quoi !
POURQUOI S'EN PRENDRE À NOUS ?!
ON CROISE QUELQU'UN PRÊT À NOUS AIDER ET LA SECONDE D'APRÈS ...
ON SE FAIT TAPER DESSUS !
LA MENTALITÉ JAPONAISE, C'EST COMME LES MONTAGNES RUSSES !
Et ça n'arrête pas !
UN COUP SYMPA, UN COUP ODIEUX !
HAA HAA
BAAM

FROSH
JE SAIS BIEN ...
QU'IL N'Y A EU QU'UNE SEULE LETTRE DE CE GENRE
MAIS CE QUI ME FAIT MAL ...
CE QUI ME DÉGOÛTE ...
C'EST DE VOIR MON PÈRE SI ABATTU
GRR ...
Mon père ...
COMMANDE
Cette année nous ne passerons pas commande
COMMANDES
0
UNITÉS
EH BEN ... MA FILLE ...

DEPUIS 28 ANS QUE JE FAIS POUSSER DU RIZ ...
JE NE PENSAIS PAS QU'UN JOUR ...
ON ME TRAITERAIT D'ASSASSIN

SON DOS LARGE COMME CELUI D'UN OURS ...
M'A PARU TOUT PETIT, ON AURAIT DIT LE DOS D'UN ÉCUREUIL
HIER SOIR, IL ÉTAIT SAOUL ...
Je refuse de le voir dans cet état
D'HABITUDE ...
IL VA VOIR SON RIZ TOUS LES JOURS ... TOUS LES JOURS !
MÊME LES DIMANCHES, MÊME LES JOURS DE NEIGE
MAIS ...
CE MATIN, POUR LA PREMIÈRE FOIS, IL N'EST PAS ALLÉ AUX CHAMPS

IL S'ÉTAIT MIS À L'AGRICULTURE BIO
IL EN A CONNU, DES ÉCHECS ! MAIS IL AVAIT ENFIN RÉUSSI À OBTENIR LE RIZ QU'IL VOULAIT
À PART SON TRACTEUR, IL NE SAIT MÊME PAS FAIRE CHAUFFER UN TRUC AU MICRO-ONDE ! ET POURTANT, IL A APPRIS À SE SERVIR D'UN ORDINATEUR
IL A COMMENCÉ À VENDRE SON RIZ PAR INTERNET, ET PLUS SEULEMENT AVEC LA COOPÉRATIVE
IL ENVOYAIT LE RIZ DIRECTEMENT À SES CLIENTS ... TOUS CES EFFORTS QU'IL A FAITS ...
CE RIZ S'APPELLE "MAYU" !
LES GENS N'ARRÊTAIENT PAS DE LUI RÉPÉTER ...
QUE CE N'ÉTAIT PAS LA PEINE D'EN FAIRE AUTANT
MAIS LUI RÉPONDAIT TOUJOURS : "SI LES AGRICULTEURS S'Y METTENT À FOND, TOUT LE MONDE POURRA MANGER DU BON RIZ !"
C'était devenu sa formule fétiche
LUI, PLUS QUE NOUS TOUS, S'EST TOUJOURS PRÉOCCUPÉ D'AVOIR UNE ALIMENTATION SAINE
Tout ça pour dire que ...

MÊME MOI, L'IDIOTE DE SERVICE ...
QUI N'Y CONNAIS RIEN EN POLITIQUE, JE SUIS SÛRE D'UNE CHOSE ...
NOS DIRIGEANTS S'EN FICHENT
CE N'EST PAS L'ÉTAT OU LES HOMMES POLITIQUES ...
QUI VONT SAUVER LA TERRE DE FUKUSHIMA, C'EST NOUS, LES AGRICULTEURS
C'EST NOTRE FAMILLE QUI VA PROTÉGER LES CHAMPS DE MON PÈRE
IL A BESOIN DE MON AIDE
C'EST POUR CETTE RAISON QUE JE VAIS REPRENDRE LES RÊNES
QUOI ?
QUAND JE LE LUI AI DIT, IL M'A TAPÉ DESSUS ...
En disant que c'était pas un sujet de plaisanterie

BAM
MAIS MAYU ... TON PROJET D'ALLER VIVRE À TOKYO ?
De travailler à Shibuya ...
DE TOUTE FAÇON, C'EST DÉCIDÉ
EUX POUR L'UNIVERSIT
Mayu Hashimura
VOEU Culture du riz
E VOEU Rien
EME VOEU Rien
FUMI, S'IL TE PLAÎT ...
TU VEUX BIEN ESSAYER DE CONVAINCRE MON PÈRE ?
MOI ?!
VIENS À LA MAISON, APRÈS LES COURS
Je t'en prie !
...
MAYU ...
LUI ET MOI, ON EST INCAPABLES DE DISCUTER NORMALEMENT
Mais ... JE DOIS FAIRE QUOI ?
GINJI AUSSI, A PROPOSÉ DE VENIR POUR PARLER À MON PÈRE
MAIS SANS TOI, ILS VONT SE BAGARRER POUR DE VRAI
AH !

TAP TAP TAP TAP
OH, KUBO ?
TAP
OÙ TU VAS ? ET LES COURS DU SOIR ?
TAMAKI !
S'IL TE PLAÎT, VIENS AVEC NOUS !
HEIN ?! MAIS ... Maintenant ?
PAS LE TEMPS DE T'EXPLIQUER, VIENS !
C'EST QUOI, CETTE FOIS ?
FHH FHH
MINCE ! GINJI EST DÉJÀ LÀ !
Oh !
REGARDE LE VISAGE DU PAPA DE MAYU

ILS SE SONT BATTUS ?!
NON, SON COCARD, ÇA VIENT DE MOI
OUH-LÀ ...
PAPAAAA !
AVEC OU SANS TES AMIS, JE NE CHANGERAI PAS D'AVIS
TAM TAM TAM
PAPA, AVEC OU SANS TON ACCORD, JE VAIS CULTIVER DU RIZ !
MAYU ...
POURQUOI T'IMPLIQUER AUTANT DANS CETTE HISTOIRE ?

TU AS BEAU VOULOIR BIEN FAIRE, C'EST HORS DE QUESTION !
POMF
C'EST PAS TOI QUI DÉCIDES !
CE N'EST PAS UN MÉTIER QUI SE CHOISIT SUR UN COUP DE TÊTE !
REGARDE-TOI PAPA, TU ES CREVÉ !
TU NE VAS PAS POUVOIR T'OCCUPER DE NOS CHAMPS ÉTERNELLEMENT !
PARDON ?!
C'EST PAS UN COUP DE TÊTE
MAYU A PASSÉ LES VACANCES D'ÉTÉ À SE DOCUMENTER, ELLE A APPRIS DES TAS DE CHOSES TOUTE SEULE
POURQUOI VOUS ESSAYEZ PAS DE L'ÉCOUTER ?

ET TOI, T'ES PAS OBLIGÉE DE HURLER ...
POUR EXPLIQUER QUE ÇA TE TIENT À CŒUR
HMM
POURQUOI J'AURAIS PAS LE DROIT DE REPRENDRE L'AFFAIRE DE MES PARENTS ?
Hum
JE TE CONNAIS, TU VAS VITE LAISSER TOMBER
EN DISANT "AH, J'ÉTAIS PAS MOI-MÊME"
Ce serait le pompon !
GARDE LA TÊTE SUR LES ÉPAULES ET VA TRAVAILLER DANS TA BOUTIQUE PRÉFÉRÉE
QUAND JE PARLAIS D'ALLER À TOKYO ...
TU ME HOUSPILLAIS POUR QUE JE RESTE BOSSER ICI, À T'AIDER !
ON NE CHANGE PAS D'AVIS COMME ÇA
DEVENIR PRODUCTEUR DE RIZ ...
En plus ...

AUJOURD'HUI, NOTRE MARQUE NE VAUT PLUS RIEN
MÊME SI NOTRE RIZ PASSE TOUS LES TESTS, REGAGNER LA CONFIANCE DES CLIENTS NE SERA PAS ÉVIDENT
JE SAIS QUE ÇA VA PAS ÊTRE FACILE !
MAIS JE SUIS PRÊTE À CONSACRER MA VIE À NOS RIZIÈRES !
ARRÊTE, AVEC TES JOLIES PHRASES ...
Idiote
LAISSE-MOI T'AIDER, PAPA !
POURQUOI TE COMPLIQUER LA VIE INUTILEMENT ?
C'EST TOI QUI DISAIS TOUJOURS QU'ON N'A RIEN SANS EFFORTS
OUI, MAIS FAIRE DES EFFORTS NE SUFFIT PAS À GARANTIR LE BONHEUR !
QUI SAIT CE QUI NOUS ATTEND, DEMAIN ?
Le monde d'aujourd'hui est comme ça, incertain
ALORS FAIS CE QUI TE PLAÎT VRAIMENT ...
VIS TA VIE !

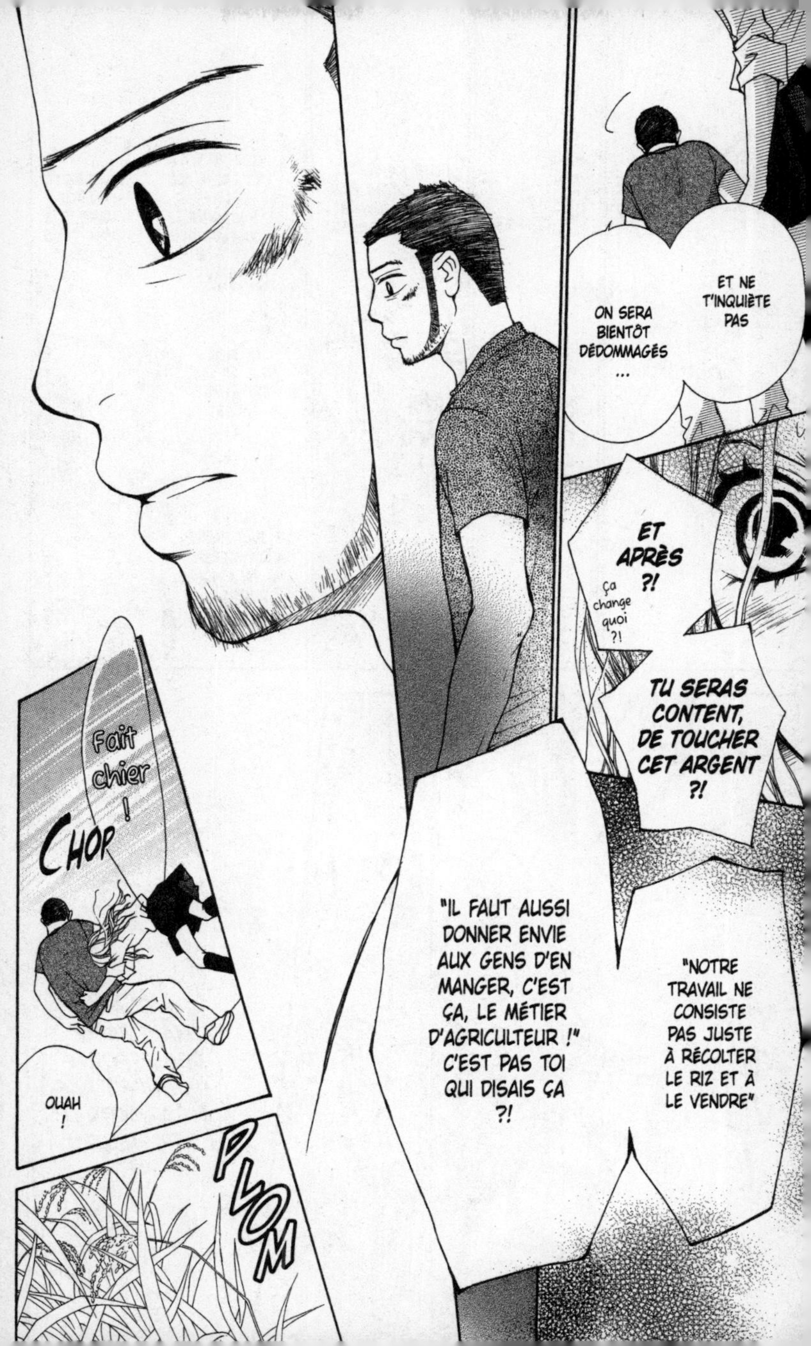
ET NE T'INQUIÈTE PAS
ON SERA BIENTÔT DÉDOMMAGÉS ...
ET APRÈS ?!
ça change quoi ?!
TU SERAS CONTENT, DE TOUCHER CET ARGENT ?!
"NOTRE TRAVAIL NE CONSISTE PAS JUSTE À RÉCOLTER LE RIZ ET À LE VENDRE"
"IL FAUT AUSSI DONNER ENVIE AUX GENS D'EN MANGER, C'EST ÇA, LE MÉTIER D'AGRICULTEUR !" C'EST PAS TOI QUI DISAIS ÇA ?!
Fait chier !
CHOP
OUAH !
PVOM

TOI ET MOI, ON VA SE BATTRE POUR QUE ...
NOTRE RIZ ARRIVE DANS L'ASSIETTE DU PLUS GRAND NOMBRE DE GENS ...
ET MÊME, JUSQU'À LEUR CŒUR ! TON RIZ EST LE MEILLEUR DU MONDE, PAPA !
JE VAIS PRENDRE SOIN DE TES RIZIÈRES, JE TE LE PROMETS !!
PAPA ...
APPRENDS-MOI !
JE SUIS PRÊTE À TE SUIVRE ...
TOUTE MA VIE !
JE LAISSERAI JAMAIS TOMBER !

JE VEUX FAIRE POUSSER DU RIZ AVEC TOI !
ÇA VEUT DIRE ...
FINI LE MAQUILLAGE ... Et tes ongles ...
MAYU ...
JE SAIS
TA PEAU VA BRONZER ET SE TANNER AU SOLEIL
JE M'EN FICHE

NE CROIS PAS QUE C'EST UN BOULOT FACILE ...
ET CE N'EST PAS PARCE QUE TU ES MA FILLE QUE JE VAIS ME MONTRER INDULGENT AVEC TOI
D'ACCORD !
SST
Papa ? Ça va ?
HÉ GINJI !
DONNE-MOI LA MAIN !
J'ARRIVE PAS À ME RELEVER À CAUSE DE LA BOUE !
Euh ...
J'ARRIVE !

CHOP
HÉ
PLOMP
JE L'AURAIS PARIÉ ...
PA...
PAPA ! MERCI !
Chérie, je crois qu'on va devoir prendre un bain

MAYU ...
Bon bain !
ON Y VA
Désolée Fumi, Tamaki ...
Ha ha ha
M'man ...
MA FILLE ...
QUAND TU LUI AS DIT QUE TU VOULAIS L'AIDER ...
IL ÉTAIT TELLEMENT HEUREUX
Y a encore de la terre là !
IL S'EST MIS À PLEURER EN DISANT ...
QUE RIEN NE LUI AVAIT FAIT PLUS PLAISIR DEPUIS TA NAISSANCE
MAIS POUR NE RIEN TE CACHER ... LA SITUATION EST DÉSASTREUSE
DU COUP, IL ÉTAIT PARTAGÉ ...
J'ESPÈRE QUE TU COMPRENDS

EN PLUS ...
TU LE CONNAIS, IL A DU MAL À EXPRIMER SES SENTIMENTS !
C'EST POUR CETTE RAISON QUE JE T'EN PARLE
MERCI, MA MAYU ...
AH, NAAAAN
JE ME SUIS CASSÉ UN ONGLE !
J'avais mis deux heures à les faire.
LES PARENTS, C'EST PRÉCIEUX ...

OUI ...
ILS PENSENT TOUJOURS À CE QU'IL Y A DE MIEUX POUR NOUS ...
AUCUN NE VEUT QUE CE SOIT DUR, POUR SES ENFANTS ... MÊME S'ILS NOUS RABÂCHENT QUE LE BONHEUR, ÇA SE MÉRITE
Hi hi hi
JE NE SAVAIS PAS ...
QUE MAYU PENSAIT SÉRIEUSEMENT À REPRENDRE L'EXPLOITATION DE SA FAMILLE
Par contre, Ginji était au courant ...
Désolée de t'avoir embarqué là-dedans pour rien ...
Non, ça fait du bien de voir autant d'affection ...
DIS, FUMI ...
SI TOI AUSSI, TU TE POSES DES QUESTIONS ...
N'HÉSITE PAS À M'EN PARLER
Mais peut-être que je ne serai pas à la hauteur
J'AIMERAIS BIEN ... ÊTRE LÀ POUR TOI

D'ACCORD ... MERCI, C'EST GENTIL
Il vient de m'appeler par mon prénom
SIX MOIS APRÈS LA CATASTROPHE ...
LES PAYSAGES ...
NOS SENTIMENTS ...
PETIT À PETIT ...
L'UN APRÈS L'AUTRE ...
TOUT ÇA, EST EN TRAIN DE CHANGER.

À SUIVRE...

DAISY

Lycéennes à Fukushima

ÉTÉ 2012.
POUR CE MANGA, NOUS NOUS SOMMES RENDUS DANS LES VILLES DE FUKUSHIMA ET NIHONMATSU.
Jolie, la gare de Fukushima. C'est quoi, cette sculpture de pianiste ?
Momochi, je peux d'abord fumer une clope ?
FU KU SHI MA
LE PÈRE DE MOMOCHI ÉTAIT ORIGINAIRE DE LA VILLE DE KOORI, QUI SE TROUVE DANS LE DÉPARTEMENT DE FUKUSHIMA.
M. H, RÉDACTEUR, EST NÉ ET A GRANDI DANS LA VILLE MÊME DE FUKUSHIMA.
ON A RENCONTRÉ DES ÉTUDIANTS, DES ENSEIGNANTS ET DES PARENTS.
ILS NOUS ONT RACONTÉ CE QUI S'ÉTAIT PASSÉ LORS DE LA CATASTROPHE, ET COMMENT ILS VIVAIENT, DEPUIS UN AN.
Bonjour !
Je m'appelle Momochi
AU DÉBUT, JE N'AVAIS PAS L'ÉNERGIE DE SORTIR DE CHEZ MOI ...
AUJOURD'HUI ENCORE, IL M'ARRIVE DE VOULOIR ÉCHAPPER À LA RÉALITÉ
CHACUN A PU PARLER DE CES CHOSES SI DIFFICILES À RACONTER ...
QUAND JE SERAI GRANDE, JE VOUDRAIS ME CONSACRER À MA VILLE !
J'ESPÈRE TRAVAILLER ET ME MARIER ICI
Venez donc à la fête de Waraji !
Pendant 3 ans, j'ai fait du canoë au lycée
Je voudrais devenir doubleuse de dessins animés !

* GROUPE DE J-POP. ** ACTEUR, CHANTEUR ET PHOTOGRAPHE NÉ EN 1969, VU EN 2013 EN FRANCE DANS LE FILM *TEL PÈRE TEL FILS* DE HIROKAZU KORE-EDA.

LE DRAME DE FUKUSHIMA, inimaginable et pourtant bien réel

Lorsque la terre a tremblé le 11 mars 2011, tout le monde comprit d'emblée que ce séisme-là n'était pas comme les autres, nombreux, très nombreux au Japon. Mais on était alors loin d'imaginer le double drame qui s'ensuivit : un tsunami gigantesque sur plus de 500 kilomètres de côte, au nord-est, et la mise en péril de la centrale Fukushima Daiichi située au bord de l'océan pacifique. Trois des six réacteurs de ce site ont été détruits : le combustible nucléaire y a fondu. Et les trois autres sont aussi considérés comme morts. Il faudrait que tout le monde puisse lire ou écouter les terribles témoignages de ceux qui travaillaient sur place à ce moment-là, qui se sont retrouvés alors face à un monstre radioactif en furie, dans le noir absolu (puisque le courant était coupé), pendant des jours, sous les répliques sismiques, et sans savoir que faire, si ce n'est tout, absolument tout tenter, pour éviter l'emballement critique qui aurait forcé à évacuer la moitié du Japon. "Plusieurs fois, j'ai cru mourir", a confié plus tard à la presse le directeur de la centrale à l'époque, Masao Yoshida, décédé depuis. Il a fallu six mois pour stabiliser à peu près la situation, avec des milliers d'hommes prêts à sacrifier sinon leur vie du moins leur santé afin d'éviter une propagation incontrôlable de la contamination radioactive.

Encore peu d'années après la catastrophe...

Cela fait trois ans déjà, trois ans seulement. Car si le temps a semblé passer très vite pour ceux qui regardent l'évolution de l'extérieur, qui ont tendance même à oublier, ces trois ans furent un enfer interminable et qui n'est pas fini pour ceux qui en ont subi au premier chef les conséquences. On pense non seulement aux travailleurs qui continuent de se battre jour et nuit sur le site dans des conditions pénibles pour préparer le démantèlement, mais aussi, voire surtout, à ces dizaines de milliers de familles qui, du jour au lendemain, ont dû tout abandonner, quitter leur demeure, sans vraiment savoir ce qui se passait, mais en croyant alors qu'ils allaient vite revenir.

Hélas, trois ans plus tard, beaucoup vivent encore dans des logements provisoires, ont perdu tout espoir de rentrer chez eux. Ils sont loin de leur région qu'ils adoraient. Des familles ont été littéralement dispersées : la mère est partie à l'autre bout du Japon avec les enfants tandis que le père essaie de continuer de faire vivre la famille en travaillant à Fukushima, parfois même à la centrale accidentée, une ruine au milieu d'une zone d'au moins 20 kilomètres de rayon devenue soudainement inhabitable pour des décennies.

Imaginez : des villes entières totalement désertées, plus une âme humaine qui vive sur des centaines de kilomètres carrés autour de la centrale maudite. Avant, il y avait des gens dans les appartements, des paysans dans les champs, des clients dans les restaurants, des enfants aux mains de leurs parents. Tout, tout est resté en plan, à l'abandon. On voudrait interroger des gens. Mais plus personne ne se promène sur les routes, ne prend plaisir à sillonner la forêt luxuriante avoisinante, une des plus belles du Japon. Intactes ou à moitié détruites par le séisme du 11 mars 2011, des dizaines de milliers de maisons sont inhabitées. Pas un seul individu dans les nombreuses petites et moyennes entreprises, les stations-services, les supermarchés et autres bâtiments qui bordent les routes. Où sont-ils tous ? Quelle existence mènent-ils maintenant ? Espèrent-ils revivre ici ? Font-ils parfois le déplacement ? "Je suis revenu visiter ma maison, à Tomioka", m'a un jour écrit un évacué. Il m'a envoyé des photos : "Ça, c'est une peinture que j'avais réalisée il y a des années." Illusoire plus que prémonitoire, elle s'appelle "le retour". Impossible retour dans un environnement où le dosimètre affiche une dose de radioactivité bien au-delà de l'admissible. Elle était pourtant très belle, sa grande maison blanche et marron. Et devant ce spectacle de désolation, il me dit encore : "La tristesse, ce n'est pas que ce soit cassé, c'est que le temps soit arrêté."

Ambiance

Les rares voitures que l'on croise trois ans après dans cette zone interdite sont celles de fourgons de la police en patrouille ou les voitures des travailleurs du complexe atomique ravagé, ou encore d'ex-habitants qui tentent de décontaminer la région. Mais personne

n'a encore le droit d'y revivre. Tout juste peut-on y séjourner quelques nuits pour la nouvelle année.

Les panneaux publicitaires sont restés en place le long des routes, mais ils sont insolents et déprimants : on y souhaite la bienvenue, on y parle d'avenir, en couleur, mais il n'y a plus personne pour les lire, personne pour y croire.

Personne, sauf de pauvres corbeaux qui se croient encore heureux dans la nature et continuent de survoler la centrale et ses environs, comme avant. Ils ne le savent pas, ne le voient pas, ne le sentent pas, mais un jour, tôt ou tard, la radioactivité aura raison d'eux. Ils nous donnent le cafard, ces corbeaux noirs. Et on jette des regards éberlués encore et encore, partout alentour, en se disant que non, ce n'est pas possible, que c'est juste pour quelques heures, quelques jours, quelques mois au plus. Mais non, hélas, c'est pour des années, que dis-je, des décennies pour les villages les plus proches de Fukushima Daiichi.

Aujourd'hui, au pied des réacteurs du complexe atomique où je me suis rendue trois fois, habillée d'une combinaison, d'un masque intégral, de trois paires de gants et autant de chaussettes, ainsi que de chaussures spéciales et de sur-chaussures, l'océan si proche est redevenu sage. Mais ses ravages sont toujours visibles : d'énormes réservoirs ont été tordus par le tsunami, des carcasses de voitures enfoncées dans les bâtiments, des débris entassés.

Et puis il y a partout des enchevêtrements de tuyaux, sur lesquels s'affairent par endroits des hommes eux aussi vêtus comme des cosmonautes. À proximité, on devine des lieux d'entreposage de déchets radioactifs et d'énormes citernes, plus de mille, qui contiennent des centaines de milliers de tonnes d'eau contaminée dont nul ne sait que faire : il n'y a pas de solution à l'heure actuelle. La seule imaginée, mais qui paraît aussi difficile, est d'assainir cette eau pour la rejeter ensuite dans la mer. Il faudra du temps avant que les populations acceptent cette éventualité. En attendant, il faudra stocker et stocker encore, au risque que tout soit de nouveau balayé par un tsunami.

Être enfant à Fukushima

À Fukushima Daiichi, peu importe que l'on soit samedi ou dimanche, entre Noël et le jour de l'An, le travail doit continuer, l'attention rester extrême. "Agir avec la sécurité comme première priorité", rappelle un panneau signé du directeur dans le Q.G. de crise du complexe.

Car le danger n'est pas écarté. La compagnie exploitante, Tokyo Electric Power (Tepco), veut accélérer le calendrier. Sur le terrain, la bataille contre le temps est quotidienne. Quelque 3 000 personnes s'escriment là chaque jour. Certaines ont l'air si jeunes, la trentaine. Comment leur famille vit-elle leur dévouement ? Ont-elles vraiment choisi d'être ici ? Sont-elles conscientes du danger ? Quels sont d'ailleurs réellement les risques encourus ? Les avis des experts sont divisés sur la question, pas facile de savoir. Quelle est leur motivation ? Cela durera au moins un demi-siècle.

Aux murs des bâtiments de la centrale, des messages d'enfants de la région ont été punaisés pour encourager tous ceux qui ont désormais à effectuer la tâche la plus ingrate qui soit : nettoyer le site saccagé. "*Gokurosama*", "*otsukaresama*" ("vous avez bien travaillé", "vous devez être fatigués").

Car le drame dans le drame, c'est que les enfants qui continuent de vivre à quelques dizaines de kilomètres du site de Fukushima, aiment leur région, et souvent, ils ne veulent pas partir ailleurs, parce qu'ils souhaitent rester près de leurs camarades. "J'aimerais avoir encore le droit de jouer librement dehors", me confiait une jeune fille de Koriyama, une ville située à une cinquantaine de kilomètres de la centrale. Koriyama n'a pas été évacuée mais quelques restrictions d'activités à l'extérieur y sont encore imposées pour les enfants. "Je passerai ma vie ici, je ne veux pas partir", me disait aussi un adolescent de 14 ans rencontré à Soma, à une bonne trentaine de kilomètres de la centrale accidentée.

Tous les enfants de Fukushima sont censés passer des examens de santé pour vérifier qu'ils n'ont pas reçu de trop fortes doses de radioactivité susceptibles de causer des problèmes de santé, pour

contrôler qu'ils n'ont pas un cancer de la glande thyroïde par exemple. Et en cherchant, on en trouve, bien sûr. Mais pour le moment, les experts japonais assurent que ce n'est pas lié à l'accident, que trois ans c'est trop court pour que le mal se soit déjà développé. Pour les parents de ces enfants cependant, cela ne fait pas de doute, la cause de la maladie a un nom : Fukushima. Et tout le monde s'inquiète bien sûr pour la nourriture, qu'il s'agisse des légumes cultivés dans la préfecture très vaste de Fukushima ou dans les provinces voisines. Tout le monde se demande si le poisson pêché au large de ces régions est réellement consommable sans danger. Il existe des limites légales (très strictes) de radioactivité et des contrôles sur des échantillons de produits qui doivent garantir qu'ils sont propres à la consommation. Pourtant, les parents de jeunes enfants sont méfiants. D'un autre côté, tout le monde voudrait être solidaire des cultivateurs et pêcheurs de ces provinces : ils sont victimes du drame et ce n'est pas leur rendre service que de ne pas acheter leurs produits. Ce dilemme va durer lui aussi.

Terres irradiées et problèmes insolubles ?

Pourtant, les conséquences réelles de l'accident de Fukushima sont déjà bien visibles, ce sont des milliers de kilomètres carrés contaminés, rendant inhabitables pour longtemps une dizaine d'agglomérations. Le travail de décontamination représente le plus gros défi environnemental qu'aient à relever les Japonais. À Naraha, à une quinzaine de kilomètres du complexe atomique d'où se sont échappées des quantités effarantes de radionucléïdes, des courageux s'adonnent à cette tâche ingrate depuis des mois. Ils raclent la terre, fauchent, emplissent des centaines d'énormes sacs noirs, qu'ils laissent dans les champs, le long des routes, ou entassent sous des bâches.

Malheureusement, pour décontaminer, il n'y a pas de technique miracle : il faut enlever au maximum ce qui est souillé, trier, entasser. L'État et les collectivités locales emploient indirectement environ 20 000 personnes pour faire ce travail qui ne produit rien, ne rapporte rien, sinon des problèmes supplémentaires de gestion sanitaire. Ces personnes, souvent peu qualifiées, sont en théorie assimilées à des

travailleurs du secteur nucléaire et doivent bénéficier du même suivi, avec un dosimètre en permanence sur elles, un carnet d'exposition radioactive et une limite légale d'exposition à la radioactivité. Dans la pratique, on est sans doute loin du respect de ces règles, car les grosses entreprises chargées de ces chantiers font appel à une enfilade de sous-traitants où se mêle parfois la mafia.

Quelque 1 800 milliards de yens (12 milliards d'euros) ont déjà été engagés dans ces opérations de nettoyage qui s'étendent bien au-delà de la seule préfecture de Fukushima. Dans les régions non évacuées où une décontamination est aussi nécessaire, les écoles et autres lieux que fréquentent les enfants y sont traités en priorité. "C'est la compagnie gérante de la centrale, Tokyo Electric Power (Tepco), qui doit payer, mais l'État avance l'argent", précise un fonctionnaire du ministère de l'Environnement chargé de la gestion de la décontamination.

Et que fera-t-on ensuite des 15 à 28 millions de tonnes de déchets attendus ? Là est tout le problème : à part stocker dans un lieu isolé et protégé, il n'y a guère de solution. Alors l'État nippon a déjà décidé de bâtir et exploiter pendant des décennies un ou plusieurs lieux d'entreposage. Les ex-habitants des zones pressenties sont réticents à céder leurs terres, ils n'avaient pas grand espoir de rentrer un jour, mais craignent que la construction d'un site de stockage ne condamne éternellement les lieux, même si le gouvernement dit que ce sera "temporaire".

Travaillons à un autre monde

Voilà un rapide tableau de la situation à Fukushima : c'est triste bien sûr, mais ce sentiment de désolation ne résout rien. Pour avancer, il faut, même dans le malheur, trouver un élément positif. Sans lui, personne n'a le courage de se lever et d'œuvrer pour tenter de venir à bout d'une situation difficile et même inextricable. Dans le cas de Fukushima, où est cet élément positif ? Il est dans les leçons que l'on peut, que l'on doit, tirer de cette triple catastrophe. Puisque même le Japon ne veut pas pour le moment, pour des raisons politiques et économiques, se débarrasser de toutes ses centrales

nucléaires, il faut au moins qu'elles soient plus sûres. C'est l'objectif de nouvelles normes de sûreté plus strictes décidées après l'accident. Ensuite, il faut, et c'est l'orientation qui est prise, voir comment peut être remplacée le plus vite possible cette ressource nucléaire par d'autres, renouvelables, moins dangereuses, comme les énergies solaire, éolienne ou géothermique. Et puis il faut développer de nombreuses technologies de décontamination qui vaudront pour le Japon bien sûr, mais pas seulement. Et encore des techniques de démantèlement des installations atomiques et de traitement des déchets radioactifs, pour lesquels il n'existe pour le moment aucune solution. Et enfin, il faut espérer qu'au-delà de tous ces aspects techniques, un flux continu d'informations sur l'accident de Fukushima et ses conséquences servira de leçon à la Terre entière pour que, comme de nombreux jeunes Japonais directement touchés, leurs camarades du monde se mobilisent afin que plus jamais, nulle part ailleurs, ne se produise un désastre de cette ampleur dont l'humanité plus que la nature est responsable.

Texte rédigé en avril 2014 à Tokyo.

Karyn Nishimura-Poupée, correspondante permanente de l'Agence France-Presse (AFP) au Japon depuis 2004, a vécu et couvert cette catastrophe et ses conséquences depuis le début. Elle est aussi autrice de plusieurs ouvrages sur le Japon, dont *Les Japonais* (Éditions Tallandier, 2012) et *Histoire du manga* (Éditions Tallandier, 2010).

PLUS QUE CINQ MOIS AVANT LA FIN DU LYCÉE.
AVEC LA RECONSTRUCTION QUI N'AVANCE PAS, LA VILLE TOUJOURS BLESSÉE...
COMMENT RENAÎTRE, ENFIN ?
QUEL AVENIR POUR FUMI ET SES AMIES ?

DÉJÀ DISPONIBLE

DAISY
Lycéennes à Fukushima

Collection : M - Prix : 6,95 €

ÉGALEMENT AUX ÉDITIONS AKATA

bienvenue au club des losers

Collection : M - Prix : 6,95 €
14 tomes parus. Série en 16 tomes.

DAISY

Lycéennes à Fukushim

DAISY Vol. 1

First published in Japan in 2013 by Kodansha Ltd., Tokyo.
Publication rights for this French edition arranged through Kodansha Ltd., Tokyo.

Dépôt légal : mai 2014.
I.S.B.N. : 978-2-36974-012-4
Troisième édition.
Akata – 5, place Georges Bonnet – 87290 Rancon (France)

Traduction : Ryoko Sekiguchi
Adaptation : Nathalie Bougon
Lettrage : Florent Faguet
Logo et couverture : Florent Faguet

Imprimé en Italie en mars 2018 par LEGO Print.
Diffusion : Interforum

Ouvrage publié avec le soutien de du Conseil Régional du Limousin et l'aide du CRLL-ALCOL..

Région LIMOUSIN

éditions AKATA

www.akata.fr
www.akazoom.fr